Dennis Bennett
BITTEN UM DEN HEILIGEN GEIST

Dennis Bennett

Bitten um den Heiligen Geist

Leuchter-Verlag eG · Erzhausen

Titel der Originalausgabe:
HOW TO PRAY FOR THE RELEASE OF THE HOLY SPIRIT
Übersetzung: Karl Schanz

Umschlaggestaltung: Frank Decker

1. Auflage November 1986

ISBN 3-87482-127-7

Gesamtherstellung: Schönbach-Druck GmbH, 6106 Erzhausen

Inhalt

Lieber Leser!

Kraft — das ist die große Absicht des Heiligen Geistes für die Gemeinde, den Leib Christi. Satans Absicht besteht deshalb in erster Linie darin, den Leib Christi gerade auf dem Gebiet der Gaben und Manifestationen des Heiligen Geistes zu entzweien und lahmzulegen. Er weiß: Wenn die Gemeinde Jesu Christi in der Kraft des Heiligen Geistes einmütig zusammenfindet, muß er den Rückzug antreten. Dank sei dem Herrn, wir sind dabei, zusammenzukommen.

Dennis Bennett schreibt über diese Kraft. Wenn du gerettet und wiedergeboren bist — in den Leib Jesu Christi hinein —, dann lebt der Heilige Geist in dir. Wenn Er in dir ist, dann auch alle Seine Gaben, Manifestationen und Wirkungen. Die große Frage ist aber nun: *,,Hast du diese Kraft, die in dir ist, freigesetzt?''* Der Heilige Geist wartet und sehnt sich danach, im Leben vieler Gläubigen Freiheit zu gewinnen und sie zu erfüllen, damit das Reich Gottes gebaut wird.

Lies dieses spannende Buch mit offenem Herzen und Sinn, denn in ihm findest du den Schlüssel zu einem neuen Leben der Kraft und des Sieges.

Trinity Broadcasting Network Inc.
Paul F. Crouch, Vorstand

Einleitung

Gott ist groß und wunderbar, und Ihn zu erkennen und nach Seinem Willen zu handeln, darum geht es im Leben des Menschen. Aber bei vielen Leuten, die Jesus angenommen haben, gestaltet sich das Glaubensleben überhaupt nicht freudig und mitreißend. Warum? Weil der Geist Gottes, obwohl Er in ihnen lebt, keinen Freiraum findet. Er ist bei ihnen quasi unter Verschluß gehalten und muß erst freigesetzt werden. Wenn dies aber geschieht, dann werden sie sich des Heiligen Geistes bewußt, werden mit Kraft und Freude angetan, und Gott kann durch sie das tun, was Er vorhat.

In den ersten beiden Kapiteln der Apostelgeschichte können wir lesen, wie sehr die Jünger Jesu sich veränderten, nachdem der Geist in ihnen zur Wirkung kam. Das kannst auch du erleben. Du kannst die gleiche Art Kraft, Liebe und Freude erfahren, wie sie die ersten Christen hatten. Dir kann Gott genauso real werden wie ihnen. Du kannst die Gaben und die Frucht des Heiligen Geistes erfahren. Gott kann dich gebrauchen, anderen auf übernatürliche Weise zu helfen — durch Worte der Weisheit und Erkenntnis, durch Heilungen und Wunder. Und die Anwesenden werden dadurch sehen, daß Gott lebt und Realität ist.

Weil in den vergangenen 25 Jahren so viele Leute auch in den historischen Kirchen im Heiligen Geist getauft wurden, entstand eine große Erneuerungsbewegung, die in der ganzen Welt wirksam wurde. Diese Erneuerung hat ihre Wurzeln in der Freisetzung des Heiligen Geistes in jedem einzelnen, und sie wird weitergehen, solange Menschen weiterhin diese Befreiung erfahren und in dieser erlangten Freiheit des Geistes wandeln.

Nehmen wir einmal folgendes an: Du hast Jesus angenommen und die Taufe im Heiligen Geist erfahren. Und nun erzählst du jeden Tag zwei anderen Personen davon und führst sie zu Jesus. Angenommen diese zwei Personen führen ihrerseits wieder jeden Tag zwei andere zu Jesus, und diese ebenfalls wieder — und so ginge es weiter. In nur einem Monat und einem Tag wäre die ganze Welt erreicht!

Jesus möchte, daß die gute Nachricht verbreitet wird, und das wird in vermehrtem Maße geschehen, wenn die Leute im Heiligen Geist getauft werden. Deshalb ist es so wichtig, daß auch du diese Erfahrung machst und weißt, wie du anderen helfen kannst.

Im Neuen Testament erlebten alle die Geistestaufe

Im Neuen Testament lesen wir, daß alle die Taufe im Heiligen Geist empfingen. Wenn jemand darum bat, erlebte er sie. Warum sollte es beim Gebet für dich und andere Leute anders sein? Ich habe oft zwanzig, dreißig, ja sogar hundert Menschen gesehen, die, wie am Pfingsttag, alle zusammen zur gleichen Zeit dieses Erlebnis machen durften. Es gibt keinen Grund, warum es in deinem Dienst nicht auch so geschehen sollte, wenn du die Leute vorher zum richtigen Verständnis angeleitet und vorbereitet hast.

Dies ist sozusagen ein „Arbeitshandbuch". Seit ich 1959 im Heiligen Geist getauft wurde, verbrachte ich einen beträchtlichen Teil meines Lebens damit, die Leute auf diesem Gebiet zu unterweisen und mit ihnen zu beten. 21 Jahre war ich Pastor der Luke's Episcopal Church in Seattle, die meines Wissens die erste historische Kirche war, die ihre Glieder offen dazu aufrief, die Taufe des Geistes zu empfangen. Ich schätze, daß ich während der letzten 25 Jahre mit mindestens 25 000 Leuten dieserhalb gebetet habe. Durch dieses Buch versuche ich zu zeigen, wie man am besten vorgeht und hoffe, daß es vielen eine Hilfe sein wird.

Die Leute müssen vorher unterwiesen werden, damit die entsprechenden Voraussetzungen gegeben sind!

Viele Leute tun sich schwer, die Freisetzung des Heiligen Geistes zu erleben, weil sie nicht genau wissen, um was es geht und was mit ihnen geschehen soll. Du solltest deshalb nie der Versuchung erliegen, mit Leuten zu beten, die nicht eingehend instruiert sind. Laß dich auch nicht angesichts einer großen Anzahl Menschen, die hoffnungsvoll vor dir stehen, dazu verleiten, ihnen zu schnell die Hände aufzulegen.

Denn wenn du die Hände auf sie legst, ohne sie vorher zu belehren, werden viele frustriert in dem Gefühl nach Hause gehen, daß bei ihnen etwas nicht stimmt. Sie denken, daß Gott sie abgewiesen hat, und das vielleicht das dritte oder vierte Mal. Einige haben auf den Heiligen Geist zwanzig und dreißig Jahre „gewartet", und es gibt viele, sogar in den Pfingstgemeinden, bei denen sich trotzdem nichts ereignet. Sie sind oft ganz verzweifelt. Unglücklicherweise werden dadurch manche Leute in der irrigen Auffassung bestärkt, die Taufe im Heiligen Geist sei nicht für jedermann. Werde also nicht zum Unterstützer dieser falschen Gedanken, indem du ohne vorherige Wegbereitung mit ihnen betest.

1. Timotheus 5,22 sagt, daß wir nicht so schnell die Hände auf jemand legen sollen. Dies mag sich zwar vorwiegend auf die Ordination von Ältesten beziehen, aber gewiß gilt es auch für die Taufe mit dem Heiligen Geist. Einige Leute suchen den Heiligen Geist, obwohl sie nicht einmal Jesus kennen. Andere müssen sich erst von Irrlehren und verkehrten Haltungen lossagen. Wenn ohne Vorbereitung für sie gebetet wird, kann große Verwirrung entstehen. Deshalb solltest du immer bereitwillig Zeit zur Zurüstung und Schulung einräumen, denn sie ist sehr wichtig.

Wenn du die Leute richtig unterrichtet und vorbereitet hast, haben die meisten keine Schwierigkeiten. Wenn du eine Anzahl von Suchenden vor dir hast, so sage ihnen, daß du zuerst mit ihnen sprechen möchtest und lade sie ein, Platz zu nehmen, sich zu entspannen und zuzuhören.

Es ist auch wichtig, dich selbst vorzubereiten

Ohne Frage: Je mehr du selbst vorbereitet bist, desto wirkungsvoller wirst du anderen helfen können. Du solltest die Schriftstellen kennen, die sich mit dem Werk des Geistes befassen. Du solltest auch Bücher über dieses Thema gelesen haben. Gut wäre es vor allem, wenn du das Buch „Der Heilige Geist und Du" (im Leuchter-Verlag erschienen) gelesen hättest, denn es geht in Einzelheiten darauf ein, was die Taufe im Heiligen Geist ist, wie man sich auf sie vorbereitet und wie man sie empfängt. Es wird darin auch über die Gaben und die Frucht des Geistes gesprochen und wie wir sie erfahren können. Obwohl meine Frau und ich das Buch schon 1971 geschrieben haben, weiß ich inzwischen von keinem anderen, das dieses Thema so umfassend behandelt.

Ich empfehle auch das Buch „Die Trinität des Menschen" (auch im Leuchter-Verlag erschienen), das die drei Gebiete unseres Seins erklärt: Geist, Seele und Leib; wie sie zusammenhängen und wie jeder Teil Heilung durch Jesus erfahren kann. Es zeigt dir in Text und Graphik, was Errettung und was die Taufe im Heiligen Geist ist. Dieses leicht zu lesende Buch wird dir viel helfen, so daß du auch andere unterweisen kannst.

Befasse dich auch mit dem Konzept der inneren Heilung (Heilung der Seele), da es viele Leute gibt, die eine solche Heilung erfahren müssen, bevor sie stetig geistlich vorwärts schreiten können.

Taufe oder Freisetzung

Du wirst gelegentlich merken, daß ich die Wendung „Freisetzung des Heiligen Geistes" anstelle von „Taufe im Heiligen Geist" benutze. Das geschieht nicht deshalb, weil ich denke, daß etwas falsch daran wäre, die Pfingsterfahrung „Taufe im Heiligen Geist" zu nennen, denn Jesus selbst hat dies getan (Apostelgeschichte 1,5), und diese Formulierung wird auch von Gott, dem Vater, selbst gebraucht (Johannes 1,33), sowie von Johannes dem Täufer (Matthäus 3,11; Markus 1,8; Lukas 3,16), von Petrus (Apostelgeschichte 11,16) und anderen neutestamentlichen Schreibern. Dieser Ausdruck führt jedoch heute oft zu Gereiztheit, weil einige denken, daß wir damit sagen wollten, daß jene, die Jesus als Heiland angenommen haben, sich trotzdem bemühen müßten, den Heiligen Geist zu empfangen. Ich möchte deshalb klarstellen, daß ich glaube, daß der Heilige Geist in jedem Christen lebt. Ich glaube aber auch, daß es bei vielen dahin kommen muß, daß sie bejahen und akzeptieren, daß Er in ihnen ist und daß sie den Geist freisetzen, so daß Er die Fülle Seiner Liebe und Kraft in ihnen wirksam werden lassen kann.

Auch kann der Ausdruck „Taufe im Geist" Leute aus sakramentalen Traditionen verwirren, die große Betonung auf die Wassertaufe als feierliche Handlung legen. Sie können oft nicht verstehen, warum den Leuten nahegelegt wird, noch *eine andere Taufe* zu suchen (ich spreche über dies und die Bedeutung des Wortes „Taufe" gleich im ersten Kapitel).

Ich möchte nicht, daß die Leute schon abschalten, bevor sie das Buch gelesen haben, denn sie sollen herausfinden, was ich wirklich sage — deshalb gebrauche ich oft die Formulierung „Freisetzung des Geistes". Es gibt in der Tat eine ganze Anzahl von Ausdrücken und Formulierungen, die wir für das gebrauchen können, was das Neue Testament mit *getauft mit* oder *getauft im Heiligen Geist* bezeichnet (das griechische Verhältniswort ist EN, das sowohl IN als auch MIT bedeuten kann): Freisetzung des Geistes, Überfließen des Geises, Geistestaufe,

Ausgießung des Geistes, Überwältigtwerden vom Heiligen Geist, Kraftempfang durch den Heiligen Geist usw.

Glücklich bin ich jedoch nicht, wenn vom Erfülltwerden mit dem Heiligen Geist gesprochen wird, um damit zu bezeichnen, daß jemand im Heiligen Geist getauft wurde, denn viele Menschen sind erfüllt mit dem Heiligen Geist, ohne im Heiligen Geist getauft worden zu sein. Lange vor Pfingsten gab es schon Menschen, die vom Heiligen Geist erfüllt waren, Johannes der Täufer zum Beispiel und auch viele alttestamentliche Personen. Die Taufe im Geist ist nicht die Erfüllung, sondern die Ausgießung des Geistes. Zum besseren Verständnis empfehle ich dir, sorgfältig das 1. Kapitel dieses Buches, wo über die Bedeutung des Wortes „Taufe" gesprochen wird, durchzulesen.

Der Umfang dieses Buches

Im allgemeinen schreibe ich hier das nieder, was ich gewöhnlich einer Gruppe, die ich unterweisen möchte, sagen würde. Wenn du also ebenfalls Leute anweisen möchtest, hast du hier ein Muster, dem du folgen kannst, ohne daß du genau meine Worte verwenden mußt. Mache dich vertraut mit dem Material, und laß dich vom Herrn leiten. Du hast hier wahrscheinlich mehr Stoff, als du für einmal gebrauchen kannst, denn ich habe versucht, alles Grundsätzliche anzusprechen. Lies trotzdem alles durch, und entscheide dich dann unter der Führung des Heiligen Geistes, was und wieviel du davon gebrauchen willst.

Du kannst dieses Buch auch als Konzept für eine Reihe von Lehrstunden gebrauchen. In diesem Fall wird es dir möglich sein, mehr von diesem Material zu benutzen und mehr in die Einzelheiten zu gehen.

Von Zeit zu Zeit spreche ich dich, den Leiter, direkt an. Die Teile, wo ich dies tue — wenn sie nicht einen besonderen Teil oder ein ganzes Kapitel darstellen — sind in Klammern gesetzt.

Wenn du für dich selbst noch um die Geistestaufe betest, dann tue einfach das, was hier der Gruppe nahegelegt wird.

Beim Gebrauch des Buches als Unterlage für eine Reihe von Lehrstunden

Du magst dieses Buch als Grundlage für eine wöchentliche Lehrstunde verwenden. Zu diesem Zweck kann das Material in fünf Teile gegliedert werden:

1. 1. und 2. Kapitel
   Was ist die Taufe im Heiligen Geist? Die Trinität.
2. 3. Kapitel
   Zungenreden. Was ist es und warum ist es wichtig?
3. 4. und 5. Kapitel
   Wie man sich vorbereitet. Jesus annehmen, Vergebung der Sünden erfahren. Absage an falsche Haltungen, Verstrickungen mit falschen Religionen und Okkultismus.
4. 6. bis 8. Kapitel
   Wie man die Taufe im Heiligen Geist empfängt. Gebet für den Empfang.
5. Was kommt danach? Ein Nacharbeitsprogramm, um den Leuten eine Hilfe zu geben, das Leben im Geist fortzuführen.

Du kannst natürlich die Themen auch anders einteilen und die Zahl der Lehrstunden verringern oder vermehren.

Wenn du diesem Plan folgst, wäre es zu empfehlen, die Leute während dieser Zeit das Buch „Der Heilige Geist und Du" zu Hause lesen zu lassen.

1. Kapitel

„Taufe im Heiligen Geist" — was ist das?

Einige der Leser dieses Buches werden gerade erst von der Taufe im Heiligen Geist erfahren haben, während andere schon oft davon hörten. Manche haben vielleicht schon einige Male darum gebetet, aber sind enttäuscht worden, weil sich nichts zu ereignen schien. Etliche wußten auch nicht recht, was nun mit ihnen geschehen sollte. Das ist aber einfach unerläßlich: du sollst und mußt wissen, um was es geht.

Schon das Wort „Taufe" mag Verwirrung hervorrufen. Viele stellen sich darunter eine feierliche Handlung vor, bei der der Täufling ins Wasser getaucht wird. Der Ausdruck „Taufe mit dem Heiligen Geist" scheint damit in keiner Weise in bezug zu stehen. Und das kommt daher, weil das Wort hier in einem weiteren Sinne gebraucht wird.

Was bedeutet Taufe?

Das Wort „taufen" kommt von tauchen (eintauchen, untertauchen). Im Griechischen lautet das Wort BAPTIZO und hat nicht nur die Bedeutung von ein- und untertauchen, sondern auch von überfluten, überwältigen, durchtränken. Wir sprechen in unserer Sprache in ähnlicher Weise z.B. auch davon, daß wir vom

Schlaf überwältigt werden oder von Sorgen usw. Im klassischen Griechisch wurde deshalb ein gesunkenes Schiff als „getauft" bezeichnet, denn es lag überflutet, durchtränkt, vom Wasser überwältigt auf dem Meeresgrund.

Welche Bedeutung hat das nun für uns? Wenn wir in diesem Sinne eine Person als im Heiligen Geist getauft ansehen, dann muß sie vom Heiligen Geist gewissermaßen überflutet, durchtränkt und überwältigt (letzteres jedoch nicht im gewaltsamen Sinn) worden sein. Paulus gebraucht das Wort in einem ähnlichen Sinn in 1. Korinther 10,2, wenn er davon spricht, daß die Kinder Israel alle auf Mose getauft waren. Er will damit ausdrücken, daß sie in der Hingabe und Bindung an Mose als ihrem Führer standen.

Der Mensch besteht aus Geist, Seele und Leib. Die Seele ist der psychische, der Körper der physische Teil. Der Geist ist der Teil, der „wie Gott" ist (in Seinem Bild), und mit dem der Mensch in eine persönliche Beziehung zu Gott treten kann. Da jedoch die Menschen schon am Anfang Gott zuwider handelten, wurde ihr Geist von Gott getrennt, und die Nachkommen wurden alle in diese Trennung hineingeboren. Sie müssen deshalb, wie Jesus sagte, „von oben geboren" werden (Johannes 3,3), um zu Gott hin wieder lebendig zu werden.

Und dies geschieht, wenn du Jesus in dein Leben einläßt, Ihn annimmst. Dann wird all deine Sünde und alles, was dich von Gott und den Mitmenschen trennt, weggenommen, und Gott kommt, um in dir zu wohnen. Gottes Geist vereinigt sich mit deinem Geist, und du wirst eine „neue Schöpfung". Der Geist Gottes tauft (d.h. überflutet, überwältigt, durchtränkt) deinen Geist. Paulus sagt: „*Wer aber dem Herrn anhängt, der ist ein Geist mit Ihm*" (1. Korinther 6,17). Das ist das Wichtigste im Menschenleben und ist die grundlegende Taufe, für die die Taufe im Wasser das normale Zeichen nach außen hin darstellt.

Dieses Einswerden drückt der Liederdichter so aus:

Nun bin ich, Herr, mit Dir verbunden,
nun bin ich Dein, und Du bist mein.
Ich habe Dich, mein Heil, gefunden,
so soll es jetzt und ewig sein.

Warum noch eine Taufe?

Manche Leute wenden ein: „Ich bin in Christus getauft, warum
brauche ich noch eine ANDERE Taufe? Paulus sagt doch: *‚Es
ist ein Herr, ein Glaube, eine Taufe‘‘* (Epheser 4,5). Doch Jesus spricht von einer zweiten Taufe. Er sagt: *„Johannes hat mit
Wasser getauft, ihr aber sollt mit dem Heiligen Geist getauft
werden nicht lange nach diesen Tagen‘‘* (Apostelgeschichte 1,5).

Es gibt im Grunde nur eine Taufe, und das ist die, über welche wir gerade gesprochen haben, also die innere Taufe, die geschieht, wenn wir Jesus annehmen, d. h. wenn der Heilige Geist
uns in Christus lebendig macht und Gott in uns wohnt. Erst das
macht alles andere möglich. Für diese grundlegende Erfahrung
werden viele Bezeichnungen verwandt: Wiedergeburt, Regene-
ration, Neuwerdung, Erneuerung, Rettung, Erlösung, Bekeh-
rung u. a.

Aber diese eine Taufe geschieht in zwei Erfahrungen. Die
erste Erfahrung machst du, wenn der Geist kommt, um in dir zu
wohnen. Die zweite Erfahrung geschieht, wenn der Heilige
Geist aus deinem Geist von innen nach außen durchbricht, um
dein ganzes Leben, also auch Seele und Leib, zu überfluten und
zu erfüllen, um sich dann von dir aus auch in die Welt um dich
her zu ergießen. Das ist die Taufe im Heiligen Geist.

Als Jesus mit der Frau an Sychars Brunnen sprach, sagte Er:
*„Hättest du die Gabe Gottes erkannt und wer der ist, der zu dir
gesagt hat: Gib Mir zu trinken, dann hättest du Ihn gebeten, und
Er hätte dir lebendiges Wasser gegeben... Wer aber von dem
Wasser trinken wird, das Ich ihm gebe, der wird in Ewigkeit keinen Durst mehr haben.‘‘* Und dann fügte Er hinzu: *„Sondern
das Wasser, das Ich ihm geben werde, das wird in ihm eine*

Quelle werden, deren Wasser ins ewige Leben quillt" (Johannes 4,10.14).

Bei anderer Gelegenheit sagte Jesus: *,,Wer durstig ist, der komme zu Mir und trinke."* Aber wieder ließ Er es nicht dabei bewenden, sondern fuhr fort: *,,Wer an Mich glaubt, aus dessen Innerstem werden Ströme lebendigen Wassers fließen."* Und der nächste Vers gibt dazu eine Erklärung: *,,Damit meinte Er den Geist, den alle empfangen sollten, die an Ihn glaubten; denn der Geist war noch nicht da, weil Jesus noch nicht verherrlicht war"* (Johannes 7,37-39).

Hinein- und Hinausfließen: die Freisetzung des Geistes

Ist dir aufgefallen, daß Jesus an beiden Stellen über ein Ein- und dann über ein Ausfließen sprach? Das Einfließen ist die Errettung, die erste Hälfte der Taufe. Das Ausfließen bildet die zweite Hälfte, das ist die Taufe mit dem Heiligen Geist. Der erste Teil geschieht, wenn du Jesus annimmst: Da kommt der Heilige Geist in dich hinein, wobei Er deinen GEIST tauft (durchdringt, sättigt, überwältigt) und ihn zu neuem Leben bringt.

Der zweite Teil geschieht, wenn der Heilige Geist, der in deinem Geist lebt, hinausfließt, um deine Seele (deine psychische Natur, einschließlich Gefühle, Wille, Intellekt und Unterbewußtsein) und deinen Leib zu taufen (zu durchdringen, zu erfüllen) und wahre Freiheit, Freude und Friede in Jesus zu bringen. Durch dich fließt Er dann in deine Umgebung, um anderen ebenfalls Liebe, Friede, Freude und Heilung zu bringen.

Wenn du eine Wandtafel, einen Overheadprojektor oder auch nur ein großes Blatt Papier hast, wäre es gut, wenn du die Graphik aus dem Buch ,,Die Trinität des Menschen", Seite 86, deiner Gruppe zeigen bzw. aufzeichnen würdest. Du hast die Erlaubnis, sie auch zu kopieren. Sage dabei aber bitte, woher du sie hast und daß sie urheberrechtlich geschützt ist.

Es geht also nicht darum, daß du versuchst, den Heiligen Geist in dich hineinzubekommen, auch nicht darum, Gott zu bewegen, daß Er dir jemand oder etwas schickt, was du noch nicht hast. Leute verbringen Jahre in Abmühen und Ringen und Anstrengung, um die Taufe mit dem Heiligen Geist zu empfangen. Sie wollen Gott veranlassen, daß Er den Heiligen Geist vom Himmel sendet. Aber wenn sie Jesus angenommen haben, kann Gott ihnen den Heiligen Geist aus dem einfachen Grund nicht zukommen lassen, weil Er Ihn bereits in ihr Leben gegeben hat. Als sie Jesus baten, in ihr Leben zu kommen, gab Er ihnen den Heiligen Geist (Johannes 1,12.13; Apostelgeschichte 2,38). Jesus sagt: *,,Wer Mich liebt, der wird Mein Wort halten; und Mein Vater wird ihn lieben, und Wir werden zu ihm kommen und Wohnung bei ihm nehmen''* (Johannes 14,23). Zuvor hatte Er versprochen: *,,Und Ich will den Vater bitten, und Er wird euch einen anderen Tröster (Beistand, Fürsprecher, Helfer, Sachwalter) geben, daß Er bei euch sei in Ewigkeit''* (Johannes 14,16).

Wenn du Jesus angenommen hast, dann leben — so kannst du diesen Schriftstellen entnehmen — der Vater, der Sohn und der Heilige Geist in dir. Deshalb kannst du offensichtlich nicht erwarten, daß noch jemand vom Himmel kommt! Sie sind alle gekommen! Sei deshalb nicht entmutigt und denke nicht, daß bei dir etwas falsch sein muß oder daß Gott es abgelehnt habe, dir den Heiligen Geist zu geben. Was du brauchst, ist nicht das Hineinkommen, sondern das Durchbrechen des Geistes.

Keine Belohnung für Heiligkeit

Manche meinen, daß du, bevor du die Taufe im Heiligen Geist empfangen kannst, zuerst ein brauchbares Werkzeug des Herrn werden mußt; erst dann kann Er kommen und in dir leben. Vielleicht hat man dir auch schon zu verstehen gegeben, die Taufe mit dem Heiligen Geist sei eine Belohnung für gutes Verhalten, ein Zeichen besonderer Heiligkeit oder Heiligung. Und du selbst bist zu dem Schluß gekommen, daß es noch vieler Bemühungen deinerseits bedarf, bis du genügend heilig bist, und daß du noch nicht erwarten kannst, daß der Heilige Geist zu dir kommt.

Aber da der Heilige Geist der einzige ist, der dich heilig machen und Heiligung in dir bewirken kann, wäre es mit der Vorbedingung, du mußt erst heilig werden, um die Taufe im Heiligen Geist zu empfangen, genau so, als würde jemand sagen: „Du mußt erst genügend gebildet sein, bevor du zur Schule gehen kannst" oder „Du mußt erst genügend sauber sein, ehe du ein Bad nehmen kannst." Wenn man das Baden nur sauberen Leuten erlauben würde, würden wir alle sehr schmutzig herumlaufen!

Heilig zu sein ist gleichbedeutend mit heil zu sein. Diese zwei Worte haben dieselbe Wurzel. Der Heilige Geist möchte dich jesusähnlicher machen, und Er tut es von da aus, wo Er bereits ist: in dir. Als Er in deinen Geist kam, machte Er ihn ganz gesund und heilig. Wenn du Jesus angenommen hast, ist dein Geist in Gemeinschaft mit Gott, und deshalb muß er heilig sein; sonst könnte der Heilige Geist nicht dort leben.

Wenn Paulus davon spricht, daß wir in Jesus Christus in der Himmelswelt sitzen (Epheser 2,6 Elberf. Übers.), meint Er deinen Geist. Deine Gefühle mögen das nicht registrieren, aber der Geist hat das „Gespür" für Gott und nimmt Ihn wahr. Das Problem besteht darin, daß du nicht immer auf die Impulse deines Geistes achtest und eingehst; und zwar deshalb nicht, weil du gewohnt bist, von der Seele her zu leben — von Intellekt, Wille und Gefühlen her —, und du dich darauf verläßt, daß sie dich leiten. Außerdem weist vielleicht deine Seele Verletzungen auf, die Aufmerksamkeit und Beachtung erfordern. Wenn sie geheilt sind, wirst du es leichter finden, auf deinen Geist einzugehen — und auf den Heiligen Geist, der in deinem Geist lebt.

2. Kapitel

Du zuerst!

Der Heilige Geist ist eine Person

Der Heilige Geist ist keine Kraft wie z.B. die Erdanziehungskraft oder die Kraft, die der Motor eines Autos entwickelt. Du solltest Ihn auch nicht mit Benzin oder Elektrizität vergleichen. Auch die Formulierung „Ich möchte mehr vom Heiligen Geist" ist irreführend. Der Heilige Geist ist eine Person, deshalb kannst du nicht wenig oder viel von Ihm haben. Er kommt nicht in Raten.

Wenn ich sagen würde: „Ich habe gehört, Markus Schmidt hält sich in deinem Haus auf", und du würdest antworten: „Ja, teilweise. Ein Teil von ihm kam gestern, ein weiterer Teil kommt morgen, und wir hoffen, bis nächste Woche alles von ihm hier zu haben", läge die Vermutung nahe, daß du nicht im Vollbesitz deiner geistigen Kräfte bist. Wir können nicht so über Menschen sprechen, denn sie sind Personen und keine unpersönliche Materie oder Kraft.

Bei Kräften oder Substanzen kann man Mengenangaben machen, z. B. „Ich tanke 40 Liter Benzin" oder „Ich habe 3 Kilowattstunden Elektrizität verbraucht"; aber wenn eine Person zu Hause ist, dann ist alles von ihr im Haus oder nichts; es sei denn, diese Person steht gerade auf der Haustürschwelle.

So ist es auch mit dem Heiligen Geist. Auch Er ist eine Person. Er kann also von sich als „Ich" sprechen. Er ist natürlich kein Mensch, sondern eine göttliche Person. Deshalb solltest du nicht sagen: „Ich habe noch wenig vom Heiligen Geist und möchte mehr davon." Wenn Gott dir Seinen Geist gegeben hat, hat Er Ihn gegeben, und alles, was Er ist, lebt in dir.

Es gibt aber eine andere Seite: Sagen wir einmal, dein Freund Markus ist bei dir zu Hause. Du hast ihn ins Wohnzimmer geführt. Du möchtest nicht, daß er in die Küche geht, denn du hast das Geschirr noch nicht abgewaschen. Du möchtest ihn auch nicht im Schlafzimmer haben, denn die Betten sind noch nicht gemacht. Und vor allem sollte er nicht den Hobby-Raum sehen, den die Kinder gestern in Unordnung brachten und wo nun alles kreuz und quer durcheinander liegt. Obwohl die Frage: „Wieviel von Markus ist in deinem Haus?" keinen Sinn ergäbe, hätte es sehr wohl Sinn zu fragen: „Wieviel von deinem Haus steht Markus zur Verfügung? Wie viele Räume sind ihm zugänglich? Welche Rechte gewährst du ihm?"

In gleicher Weise ist es zwar falsch zu fragen: „Wieviel Heiligen Geist hast du?", aber berechtigt ist die folgende Frage: „Wieviel von dir hat der Heilige Geist? Hat Er überall Zugang? Welchen Freiraum gewährst du Ihm?"

Vor einigen Jahren kam mein ältester Sohn zu mir: „Weißt du, letzte Nacht habe ich einen komischen Traum gehabt. Ich habe geträumt, ich hätte Gott in meinen Schlafzimmerschrank eingeschlossen, und nun rief Er von innen: ‚Wann willst du Mich endlich hier herauslassen?'"

Im Heiligen Geist getauft zu werden, bedeutet nicht, daß Gott in dich hineinkommt. Um was es geht, ist, daß Er Freiraum gewinnt, daß Er in den Rest „deines Hauses" gelangt — in deine Seele und deinen Leib. Du sollst Ihm sagen: „Nimm Platz, überall wo es Dir beliebt. Fühle Dich zu Hause."

Wenn du den Geist Gottes in deine Seele (den psychischen Teil deiner Person) läßt, tauft Er deinen Intellekt (Gedanken), deine Gemütsbewegungen (Gefühle) und deinen Willen (Motivationen und Wünsche). Wenn du Ihn in deinen Leib läßt (den physischen Teil deiner selbst), gibt Er dir Kraft und Gesundheit und hält dich jung. Und das alles ist nicht nur Theorie — es geschieht wirklich. Nachdem du im Heiligen Geist getauft wirst, findest du, daß du in einer neuen Weise denkst und fühlst und daß du mit einer neuen, freudigen Bereitschaft und mit Eifer das tun möchtest, was Gott wünscht. Und wahrscheinlich stellst du auch fest, daß deine Lebenskraft und Vitalität zunimmt — ein neues Gefühl körperlichen Wohlergehens.

Manchmal magst du Seine Gegenwart fühlen und sogar physisch angenehm empfinden. Du brauchst diese Gefühle nicht zu unterdrücken, du darfst dich ihrer erfreuen, wenn sie kommen; werde aber nicht von ihnen abhängig. Sei sehr vorsichtig, dir aufgrund physischer Gefühle Urteile zu bilden. Die Gabe der Geisterunterscheidung kommt, wie andere geistliche Gaben, vom Geist. Dabei mögen auch Seele und Leib mit beeinflußt werden und körperliche Gefühle auftauchen. Aber hüte dich davor, diese körperlichen Gefühle selbst als Zeichen dafür zu sehen, ob etwas echt oder falsch oder eine Lehre richtig oder irrig ist. Vor allem warte nie zuerst auf Gefühle, bevor du anfängst, das zu tun, was Gott wünscht. Er kann wirken, egal wie du dich fühlst.

Du zuerst!

Denke daran, wenn der Heilige Geist von deinem Geist in deine Seele und deinen Körper gelangt, wirst du zuerst gesegnet. Vielleicht hat man dir beigebracht, daß jeder andere zuerst gute Dinge von Gott erhalten wird, und dann, wenn noch etwas übrig bleibt, würdest auch du etwas bekommen. Da mag es dich überraschen, daß die schriftgemäße Reihenfolge so ist, daß Gott dich zuerst und danach durch dich die anderen segnet.

Schon zu Abraham hat Gott gesagt:
„Ich will dich segnen... und du sollst ein Segen sein... und in dir sollen gesegnet werden alle Geschlechter auf Erden" (1. Mose 12,2.3; 22,17.18; 26,3.4; 28,13.14). Es ist nicht wahrscheinlich, daß du andere für Gottes Segnungen gewinnen kannst, wenn du nicht selbst gesegnet wurdest. Wenn die Leute

Gottes Freude, Liebe und Frieden an dir sehen, möchten sie das auch haben. Laß dir vom Feind nicht einreden, du seist egoistisch, nur weil du möchtest, daß Gott dich segnet.

In meinem Buch „Der Heilige Geist und Du" verwende ich dafür folgendes Bild: Ein Gartenschlauch hängt an der Schlauchrolle. Es hat viel geregnet, so daß der Garten längere Zeit nicht gewässert zu werden brauchte. Und obwohl sich nun außen viel Nässe befindet, ist der arme Schlauch im Innern trocken und staubig. Er ist an den Wasserhahn angeschlossen, aber dieser ist nicht aufgedreht.

Nehmen wir nun an, daß wieder eine Zeit der Trockenheit kommt und der Garten gewässert werden muß. Du drehst also den Wasserhahn auf. Und was geschieht? Das Wasser füllt zuerst den Schlauch. Der Schlauch kann den Garten nicht bewässern, wenn er nicht selbst zuerst voll ist. So erhält der Schlauch zuerst die Erfrischung, und dann fließt das Wasser durch den Schlauch hinaus in den Garten. In ähnlicher Weise möchte Gott durch dich andere segnen, aber zuerst möchte er dabei dich segnen und füllen.

3. Kapitel

Die Stimme ist das Schleusentor

Weil die Taufe im Heiligen Geist ein Ausfließen ist, kann es auch nicht überraschen, daß sie eine besondere Art des Sprechens mit sich bringt, denn die Stimme ist das Haupttor, durch das du dich Gott und der Welt gegenüber ausdrückst und verständlich machst. In der Hauptsache geschieht es über die Stimme, daß du dich anderen mitteilst. Die wunderbare Fähigkeit, unsere Gedanken, Meinungen, Pläne usw. anderen Menschen durch die Sprache mitteilen zu können, unterscheidet uns Menschen auch von den anderen Lebewesen auf Erden.

Worte haben gewaltige Wirkung. Etwas in Worte kleiden bedeutet, es real zu machen. In großem Maße macht dich das, was du sagst, zu dem, was du bist. In der Schöpfungsgeschichte sind es die Worte Gottes, welche die Dinge ins Sein rufen. Gott SPRACH: *„Es werde Licht, und es ward Licht."* Psalm 8,3 sagt: *„Aus dem Munde der jungen Kinder und Säuglinge hast Du eine Macht zugerichtet."* Und in Sprüche 18,21 lesen wir: *„Tod und Leben stehen in der Zunge Gewalt."*

Wenn wir mit unseren Lippen den Herrn Jesus bekennen wollen, so bedeutet es, daß wir *sagen* müssen, daß wir an Ihn glauben: *„Und wenn man mit dem Munde bekennt, so wird man gerettet"* (Römer 10,10). (*Das Wort, das mit „bekennen" übersetzt wird, bedeutet wörtlich „das gleiche Wort sprechen".)*

Leider wird die Kraft der Rede oft mißbraucht. Der Apostel Jakobus sagt: *,,Auch die Zunge ist ein Feuer, eine Welt voll Ungerechtigkeit. So ist die Zunge unter unseren Gliedern: sie befleckt den ganzen Leib und zündet die ganze Welt an und ist selbst von der Hölle entzündet''* (Jakobus 3,6).

Hast du auch schon die Erfahrung gemacht, wie schwer es ist, die Zunge unter Kontrolle zu halten? Unsere Sprache muß gebändigt und gereinigt werden, bevor sie dazu gebraucht wird, zum Herrn und über den Herrn anständig und richtig zu sprechen. Es ist deshalb nicht überraschend, daß der Heilige Geist etwas Besonderes mit der Stimme vorhat.

In Zephanja 3,9 lesen wir folgende Weissagung: *,,Dann aber will Ich den Völkern reine Lippen geben, daß sie alle des Herrn Namen anrufen sollen und Ihm einträchtig dienen.''*

Wenn du im Neuen Testament von Leuten liest, die die Kraft des Heiligen Geistes empfingen, wirst du finden, daß sie in neuen Sprachen zu reden begannen. Mindestens viermal lesen wir in der Apostelgeschichte von Personen, die im Heiligen Geist getauft wurden (Apostelgeschichte 2,4; 8,5-24; 10,44-48; 19,1-7). (Lies diese Stellen deiner Gruppe laut vor, wenn du Zeit hast.)

Bei drei von diesen vier Stellen wird ausdrücklich gesagt, daß die Personen, als sie mit dem Heiligen Geist getauft wurden, in anderen Sprachen zu reden begannen, wie der Geist ihnen gab auszusprechen. Die vierte Stelle berichtet nicht speziell vom Reden in neuen Sprachen, aber viele Kommentatoren stimmen in der Annahme überein, daß es das Reden in Zungen war, das Simons Aufmerksamkeit auf sich gezogen hatte und ihn versuchen ließ, diese ,,Kraft'' von Petrus zu kaufen.

Zum Beispiel sagt Matthew Henry, sicherlich ein altbewährter und respektierter Ausleger im englischsprachigen Raum: ,,Es wird gesagt: ,Der Heilige Geist war noch auf keinen von ihnen gefallen', und damit fehlten auch noch jene außergewöhnlichen Kräfte, die durch das Herabkommen des Geistes am Pfingsttag verliehen wurden. Sie waren noch nicht mit der Gabe der Zungen ausgerüstet, die nach den Berichten der Apostelgeschichte gewöhnlich das unverzügliche Zeichen der Ausgießung des Geistes gewesen zu sein scheint . . . Dies war sowohl ein bedeutendes Zeichen für die Ungläubigen, als auch von ausgezeichnetem Nutzen jenen, die sie empfingen . . . Sie legten die Hände auf sie, um anzukündigen, daß ihre Gebete beantwortet würden und daß die Gabe des Heiligen Geistes auf sie kommen würde. Und sie empfingen den Heiligen Geist und redeten in Zungen" (Matthew Henry Commentary, Vol. IV).

Andere Stellen in der Bibel, wo das Reden in Zungen erwähnt, angedeutet oder darüber gesprochen wird, sind Jesaja 28,11.12 (von Paulus in 1. Korinther 14,21 zitiert); Markus 16,17; Römer 8,26.27; 1. Korinther 12,10; 13,1; 14,1-39; Judas 20). (Wenn es die Zeit erlaubt, lies der Gruppe einige dieser Verse laut vor.)

Was bedeutet nun das Reden in Zungen? Es bedeutet einfach, daß dann, wenn du Jesus angenommen und deshalb den Heiligen Geist in dir hast, Er dir Worte in einer Sprache gibt, die du zwar nicht verstehst, aber die Gott versteht.

Die zwei Arten des Zungenredens

Gott gebraucht das Zungenreden auf zwei verschiedene Arten, und es ist sehr wichtig, diesen Unterschied zu erkennen. Die eine ist die „Gebetssprache", wie wir sie nennen wollen, und die andere „die Gabe der Zungen". Einer der Hauptgründe, warum viele Christen das Zungenreden nicht akzeptieren, besteht darin, daß sie diesen Unterschied nicht verstehen.

Sogar manche moderne Bibelübersetzungen, wie die Jerusalemer Bibel, leisten diesem Unverständnis Vorschub, indem sie alles Zungenreden als „die *Gabe* der Zungen" bezeichnen. Aber die *Gabe* ist eine besondere Art Zungenreden, bei der jemand einer Gruppe von Personen Worte Gottes mitteilt. Die Botschaft wird durch den Heiligen Geist besonders für diesen Anlaß und diese Situation gegeben und bedarf einer Auslegung durch den Heiligen Geist, so daß sie verstanden werden kann.

Paulus hat in 1. Korinther 12+14 viel über das Zungenreden zu sagen, und ständig bewegt er sich zwischen diesen beiden Arten der Zungenrede. Wer den Unterschied zwischen den zwei Arten nicht erkennt, wird sich wundern, warum er in 1. Korinther 12,30 sagt: *„Reden alle in Zungen?"*, um sich dann in 1. Korinther 14,5 wie folgt zu äußern: *„Ich wollte, daß ihr alle in Zungen reden könntet"*; oder wie er in 1. Korinther 14,23 sagen kann: *„Wennn nun die ganze Gemeinde an einem Ort zusammenkäme und alle redeten in Zungen..."*, um in Vers 26 festzustellen: *„Wenn ihr zusammenkommt, so hat ein jeder... eine Zungenrede."* Oder du fragst dich, warum er in Vers 18 vermerkt: *„Ich danke Gott, daß ich mehr in Zungen rede als ihr alle. Aber ich will in der Gemeinde lieber fünf Worte mit meinem Verstand reden, damit ich auch andere unterweise, als zehntausend Worte in Zungen."*

Wir werden später noch mehr auf die *Gabe* der Zungenrede eingehen, aber zunächst werden wir uns mit dem Zungenreden als *Gebetssprache* befassen, die du heute empfangen kannst, wenn du im Heiligen Geist getauft bist. Dies ist eine Art Zungenrede, die jeder Gläubige zu jeder Zeit gebrauchen kann. Der Apostel Paulus nennt es „Beten im Geist" (1. Korinther 14,15), und das ist es auch, worauf er sich bezieht, wenn er sagt: *„Ich wollte, daß ihr alle in Zungen reden könntet"* (1. Korinther 14,5) oder wenn er sagt: *„Ich danke Gott, daß ich mehr in Zungen rede als ihr alle"* (14,18) oder wenn er ausdrücklich ermahnt, daß wir allezeit mit Bitten und Flehen im Geist beten sollten (Epheser 6,18).

Der Grund, warum nicht alle geistgetauften Christen diese Fähigkeit nutzen, liegt darin, daß sie die Zusammenhänge nicht verstehen. Das ist sehr schade, denn es ist eines der wichtigsten und wunderbarsten Mittel, die Gott für uns bereitgestellt hat.

Beten in Zungen oder Beten im Geist bedeutet einfach, daß du, wenn du mit Gott sprichst, statt Worte in deiner eigenen Sprache zu gebrauchen, dem Heiligen Geist vertraust, daß Er dir die Worte gibt, die Er ausgewählt hat, und zwar in der Sprache, die Er ebenfalls ausgesucht hat (vielleicht in einer ganz neuen Sprache, die nie zuvor gesprochen wurde).

Es ist eine sehr einfache Sache und bedarf keiner besonderen Fähigkeit oder Heiligkeit. Alles, was du brauchst, ist, daß der Heilige Geist in dir lebt und daß du bereit und willig bist, Ihm zu vertrauen und von Ihm deine Stimme führen zu lassen, wenn du sprichst.

Das Wunderbare daran ist, daß du, wenn du auf diese Art zu sprechen beginnst, dem Heiligen Geist freie Bahn machst, sich von deinem Innersten (deinem Geist) hinauszubewegen, um deine Seele und deinen Leib zu durchdringen. Du gewährst Gott einen größeren Einfluß über dein ganzes Sein. *„Wer in Zungen redet, der erbaut sich selbst"* (1. Korinther 14,4).

Denke daran, daß wir sagten, daß es das ist, was die Geistestaufe wirklich ist: Du sollst überflutet und durchdrungen werden und damit mit deinem ganzen Sein unter den Einfluß des Heiligen Geistes, unter Seine Einwirkung und Kraft, kommen. Sicherlich verstehst du nun besser, warum das Zungenreden ein wesentlicher Teil der Taufe mit dem Heiligen Geist ist. Wenn du im Heiligen Geist getauft wirst, kannst du in Zungen reden; und während du in Zungen redest, wirst du noch mehr vom Heiligen Geist durchdrungen, denn du erlaubst Ihm, noch viel tiefer auf dein Leben einzuwirken, wenn du dein Sprachvermögen, dein Reden, Ihm zur Verfügung stellst.

Auf diese Weise erlaubst du Gott, deine Zunge zu „bändigen", „das unruhige Übel". Du weißt, daß wir Gott alles übergeben sollen, darum dürfte es nicht überraschen, daß wir Ihm auch unsere Stimme überlassen sollten.

Der Apostel Jakobus vergleicht die Zunge mit einem Zaumzeug. Es ist nur etwas Kleines, aber damit lenken wir das ganze Pferd. Und mit dem Ruder eines Schiffes bestimmen wir dessen Kurs, obwohl es im Verhältnis zum Schiff sehr klein ist. Jakobus sagt damit: Wenn du die Zunge einer Person lenken kannst, kannst du ihr ganzes Sein lenken (siehe Jakobus 3,1-5).

Du mußt nicht in Zungen reden, um gerettet zu werden oder damit der Heilige Geist in dir leben kann. Wenn du in Zungen redest, ist dies kein Beweis dafür, daß der Heilige Geist dir neues Leben geschenkt hat. Wenn ich wissen möchte, ob der Heilige Geist in dir lebt, frage ich dich nicht, ob du in Zungen redest, sondern ich frage dich, ob du Jesus als deinen Retter angenommen hast. Aber das Reden in Zungen ist ein Schlüssel, der es dem Heiligen Geist — der bereits in dir ist, weil du ein Christ bist — ermöglicht, dich in eine größere geistliche Freiheit zu führen. Reden in Zungen ist kein Zeichen oder Beweis von Heiligkeit, aber wenn du in Zungen redest, gewinnt der Heilige Geist viel mehr Raum in dir.

Wirksame Kommunikation (Verständigung)

Die neue Sprache, die Gott dir gibt, hilft dir, dich Ihm besser mitzuteilen, denn es ist Gott selbst, der dir die Worte gibt. Dazu schreibt Paulus in Römer 8,26: *„Denn wir wissen nicht, was wir beten sollen, wie sich's gebührt; sondern der Geist selbst vertritt uns mit unaussprechlichem Seufzen."* Das Sprachenreden befähigt dich, so mit Gott zu reden und Ihn so zu preisen, wie Er es habe möchte, und das wiederum schafft eine offenere und freimütigere Beziehung zu Ihm.

Unsere Sprache hat ihre Grenzen. Schauen wir nur einmal, wie wir das Wort „lieben" gebrauchen: „Ich liebe Eiscreme! Ich liebe meinen Hund! Ich liebe meine Kinder! Ich liebe meine Frau! Ich liebe Gott!" Wie viele unterschiedliche Bedeutungen eines Wortes! Wie viele Abstufungen und Ebenen eines Wortes gibt es doch! Gewiß wäre es gut, ein anderes, besonderes Wort zu haben, um Gott zu sagen, daß wir Ihn lieben. Und solche Worte gibt es, wir kennen sie nur nicht und können sie deshalb mit unserem Intellekt auch nicht aussprechen.

Der Heilige Geist jedoch kennt sie und kann deine Stimme gebrauchen, sie in einer Sprache auszusprechen, die dein Verstand nicht versteht. Aber wenn du sie aussprichst, wird dein Geist berührt und bewegt, denn du teilst dich Gott gegenüber in einer Weise mit, wie es dir in deiner eigenen Sprache nicht möglich ist und verwehrt bleibt.

Dasselbe ist auch wahr in bezug auf innerliche Sünden und

Probleme, die nur Gott bekannt werden sollen, so daß Er sich ihrer annehmen kann, aber bei denen du nicht in der Lage bist, sie in Worte zu kleiden. Der Geist setzt nun dein Verlangen in Worte um, die zu sagen nicht in deiner Kraft liegt (Römer 8,26).

Wirksames Gebet

Wenn du betest, hängst du dich nicht an Gottes „Jackenzipfel", um Ihn dahin zu bringen, daß Er etwas tut, was Er eigentlich gar nicht tun möchte. Wenn Gott es nicht will, ist es besser, du betest erst gar nicht dafür. Vielmehr soll es so sein: Wenn du betest, gibst du Gott durch deinen Glauben den Weg frei, daß Er durch deine Worte wirken kann und die Dinge getan werden, die Er in dieser Welt, die so stark in der Trennung von Ihm gefangen ist, getan haben möchte. Wir werden dabei sozusagen als Gottes ausführendes Organ tätig, denn Er möchte die Kraft der Worte, die du sagst, dazu benutzen, daß Sein Wille getan wird. Gebet bedeutet Zusammenwirken mit Gott, deshalb ist es sehr hilfreich, wenn du genau das erbeten kannst, was Er will.

Wenn du in Zungen betest, betest du genau in der Weise, wie Gott es haben möchte. Laß Ihn deshalb diesen Kanal benutzen, der viel weiter ist, als wenn du dich in deiner eigenen Sprache auszudrücken versuchst. Aus diesem Grund ist das Beten in Zungen ein kräftiges Mittel in der Fürbitte — im Beten für die Nöte und Bedürfnisse anderer Leute und deren Umstände. Du wirst über die Wirksamkeit deiner Gebete überrascht sein. Vergiß aber nicht: Die andere Hälfte des Betens besteht im Hören. Nachdem du im Geist gebetet hast, solltest du innehalten und hören, was Gott dir vielleicht sagen möchte.

Warum soll ich in einer Sprache beten,
die ich gar nicht verstehe?

Gerade darum gibt dir Gott eine neue Sprache! Wenn du in deiner Gebetssprache sprichst, versteht dich niemand, nicht einmal du selbst (1. Korinther 14,2). Du kannst nichts verändern und hinzusetzen, wenn du in Zungen redest, deshalb kommt dein Gebet genau so zu Ihm, wie Gott es haben möchte.

Die erste Art des Zungenredens, also die Gebetssprache, bewirkt hauptsächlich drei Dinge:

1. Sie gibt dir mehr und mehr eine größere geistliche Freiheit.
2. Sie hilft dir, dich Gott in dieser neuen Freiheit mitzuteilen und erbaut und kräftigt dich in deinem eigenen geistlichen Leben. Es ist ein einfacher erquickender Weg zu beten, und es bringt Ruhe in deine Seele.
3. Du kannst wirksamer dafür beten, daß Gottes Wille in deiner Umgebung getan wird.

Du brauchst dich in nichts hineinzusteigern

Das Reden in Zungen ist keine Gefühlssache. Vielleicht bist du erleichtert über diese Aussage, denn du dachtest eventuell, du müßtest dich, um in Zungen zu reden, innerlich in einen bestimmten Erregungs- oder Gefühlszustand versetzen, und das würde dir nicht gefallen oder gelingen. Doch das ist nicht so.

Deine Gefühle sind in deiner Seele (oder Psyche), aber das Reden in Zungen kommt nicht aus deiner Seele, sondern direkt vom Heiligen Geist — über deinen menschlichen Geist, in dem der Heilige Geist lebt. Deshalb nennt es Paulus „Beten im Geist" (1. Korinther 14,14.15).

Einige Übersetzungen sprechen von ekstatischem Reden, wenn vom Zungenreden gesprochen wird. Im Griechischen steht dieses Wort jedenfalls nicht. Es ist nicht einmal angedeutet oder sinngemäß enthalten.

Die Ausdrucksform „Reden in Zungen" ist eine vielleicht altmodische Art, das Sprechen in Sprachen auszudrücken. Für das Wort Zunge steht im Griechischen das Wort GLOSSA, welches das gewöhnliche Wort für „Sprache" ist.

Wenn wir uns ein bißchen altmodisch ausdrücken wollen, können wir immer noch sagen: „Er ist ein Mann deutscher Zunge." Wenn wir also irgendwo die Formulierung „sie begannen in Zungen zu reden" lesen, so bedeutet das einfach, daß sie in Sprachen zu reden anfingen. Du sprichst dabei die Sprache, die dir der Heilige Geist gibt, so wie du jede andere Sprache sprechen würdest. Du brauchst dabei nicht in eine starke Gefühlsbewegung zu geraten.

Beim erstenmal, wenn du es dem Heiligen Geist erlaubst, dir eine neue Sprache zu geben, mögen deine Gefühle berührt oder nicht berührt werden. Du magst vielleicht gar nichts fühlen oder nur ein leichtes Gefühl der Erquickung und des Wohlbefindens haben, oder aber du fühlst dich ganz von der Freude des Herrn überwältigt. Das hängt von der Struktur deines Gefühlslebens ab und wie du aufgewachsen bist. Wenn man dir beigebracht hat, dich zu beherrschen, deine Gefühle in Schranken zu halten, und wenn du dich fürchtest, dich einfach „loszulassen" — aus welchen Gründen auch immer —, wird es eine Weile dauern, bis der Heilige Geist deine Gefühle erreicht und bewegt.

Aber du brauchst nicht irgend etwas zu fühlen, damit die guten Dinge in deinem Leben geschehen können, noch mußt du unbedingt etwas fühlen, damit dein Beten im Geist wirksam ist. Du mußt auch nicht etwas fühlen, damit du ein gutes Zeugnis geben kannst. Die Leute werden den Geist in dir spüren, auch wenn du selbst vielleicht nur alles als „blah" fühlst.

Ich sage damit nicht, daß Gefühle unwichtig sind. Sie sind sehr wichtig. Es wäre ja schrecklich, wenn man ohne Gefühle leben müßte. Aber sie sind das Resultat, und nicht die Ursache. Mit anderen Worten gesagt: Du erfährst Gott nicht, indem du emotionell wirst, aber wenn du Ihn erfährst, wird das deine Gefühle bewegen. Wenn du im Umgang mit Gott gleichgültig bleibst, was kann dich dann überhaupt noch aufwühlen und aus deiner Gleichgültigkeit herausreißen? Wenn Gott dich nicht ansprechen und berühren kann, was kann dich dann überhaupt noch berühren und bewegen?

Die Gabe der Zungen

Nachdem du angefangen hast, deine Gebetssprache zu benutzen, wirst du in deinem Leben mehr von den geistlichen Gaben aus 1. Korinther 12,4-11 wirksam sehen. Diese Gaben werden durch den Heiligen Geist denen gegeben, die Er dazu bestimmt hat (12,11). Heilungen und Wundertaten, Erkenntnis- und Weisheitsrede, Unterscheidung der Geister (die Fähigkeit, rechte und falsche geistliche Einflüsse zu unterscheiden), Prophetie (Worte, die der Geist dir in deiner eigenen Sprache gibt), Glaube, Zungenrede und Auslegung. Du magst feststellen, daß manche dieser Gaben oder vielleicht sogar alle durch dich wirksam werden.

Das Potential, d. h. die Möglichkeit dieser Gaben, steckte schon seit der Zeit in dir, als du Jesus annahmst. Aber durch die Freisetzung des Heiligen Geistes in dir (die Geistestaufe) wird ihre Anwendung erst richtig möglich. Manche Christen nehmen diese Gaben überhaupt erst wahr, nachdem sie im Geist getauft sind. Viele gute, ernsthafte und aufrichtige Gläubige haben jedoch die Aussicht auf den Empfang dieser Gaben ganz aufgegeben, weil sie irrtümlich meinen, es gäbe sie heute nicht mehr, da sie nur in biblischen Zeiten wirksam gewesen seien. Dagegen können viele Millionen Christen heute bezeugen, daß Jesus immer noch mächtige Taten in unserer Welt vollbringt, und zwar durch den Glauben und die Gebete der Seinen.

Eine dieser geistlichen Gaben ist die Gabe der Zungenrede. Wir sagten schon früher, daß dies die zweite Art des Redens in Zungen ist. Wie bei den anderen Gaben, entscheidet über das Austeilen dieser Gabe der Heilige Geist. Die Gabe der Zungen wird dann gegeben, wenn Gott den Seinen etwas sagen möchte, wenn sie zusammen versammelt sind. Paulus bezieht sich auf diese Art der Zungenrede in 1. Korinther 12, wenn er fragt: *„Reden alle in Zungen?"*, und auch in 1. Korinther 14,27, wo er sagt, daß nur zwei oder drei in der Versammlung in Zungen reden sollen, und dann auch nur, wenn sie ausgelegt werden, so daß jeder verstehen kann, was Gott der Versammlung zu sagen hat.

Mit der Gebetssprache kannst du immer zu sprechen anfangen, wenn du dich dafür entscheidest. Anders ist es mit der Gabe der Zungen. Wenn du beginnst, in einer Versammlung ohne den Impuls des Heiligen Geistes in Zungen zu reden, würdest du einfach nur laut in deiner Gebetssprache sprechen. Es mag erbauend wirken, wenn eine ganze Gruppe von Leuten, jeder in seiner eigenen Gebetssprache, laut redet — vorausgesetzt jeder der Anwesenden weiß, was geschieht. Aber das wäre nicht der Einsatz der Gabe der Zungen. Paulus schreibt darüber in 1. Korinther 14,16.23.28. Aber wenn der Geist jemand bewegt, die Gabe der Zungen einzusetzen, wird Er für die Auslegung sorgen, entweder durch die gleiche oder eine andere Person.

Diese Art Zungenrede kann sehr schön und inspirierend sein, kann aber auch genau das Gegenteil bewirken, wenn sie nicht ordnungsgemäß und korrekt gebraucht wird. Manche Leute gebrauchen die Zungen als Möglichkeit, sich sehr auffällig und gefühlsbetont zu zeigen (Paulus warnt davor in 1. Korinther 14,26.33.40). Darum scheuen und fürchten sich manche Gemeindeleiter vor der Zungenrede. Weil sie nicht zwischen Gebetssprache und der Gabe der Zungen unterscheiden können, denken sie, wenn die Leute anfangen in Zungen zu beten, müßten sie das laut tun, und so würde Unordnung und Verwirrung gestiftet.

Natürlich sollte der Gebrauch der Zungen nicht unordentlich, verwirrend oder gar peinlich sein. Du magst durch den Heiligen Geist inspiriert sein, mit der Gabe der Zungen in der Versammlung zu dienen, doch vergewissere dich erst, ob du es zur rechten Zeit und am rechten Ort tust. Denke daran, daß die Weise, wie du die geistliche Gabe gebrauchst, in deine Entscheidung gestellt ist.

Viele Leute denken, das Zungenreden bedeute einen Ausbruch, der einfach so über die Menschen kommt. Sie denken, daß sie plötzlich vom Heiligen Geist überfallen und gezwungen werden, gegen ihren Willen zu handeln, vielleicht zu ihrer eigenen Verlegenheit. Aber das ist nicht so. Dir wird nicht plötzlich Gewalt angetan, und du bist nicht gezwungen, in Zungen zu reden. Du wirst nicht anfangen, im Supermarkt laut in Zungen zu reden! Der Heilige Geist zwingt dich nicht, Er tut dir nicht Gewalt an, Er setzt dir keine Pistole auf die Brust. Paulus sagt ja: *,,Die Geister der Propheten sind den Propheten untertan''* (1. Korinther 14,32). Und er sagt auch: *,,Ich WILL beten mit dem Geist''*, d.h. es ist meinem Willen unterstellt und von meiner Entscheidung abhängig (1. Korinther 14,15).

Egal wie inspiriert du sein magst, aber du würdest unbrauchbar sein und als Störenfried empfunden werden, wenn du am Sonntagmorgen in deiner Gemeinde die Gabe der Zungen einsetzt, wenn die Versammelten es nicht verstehen, sie erschreckt werden und abschalten, und auch wenn es gegen den Wunsch des Pastors geschieht und ihn verärgert und betreten macht.

Nach einem Sonntagmorgen-Gottesdienst sagte ein Freund zu mir: ,,Ich fühlte mich wirklich inspiriert, während des Gottesdienstes in Zungen zu reden, aber da ich dachte, daß die Leute es nicht verstehen würden, flüsterte ich die Botschaft einer mir bekannten Person zu, die neben mir saß, und sie flüsterte mir die Auslegung zurück.''

Es gibt Mannigfaltigkeit in der Gabe der Zungen, wie z.B. wenn eine Person in einer von Menschen gebrauchten Sprache redet (meinetwegen Finnisch oder Kisuaheli), die sie nicht kennt, die aber jemand unter den Anwesenden versteht, weil sie letzterem bekannt ist. So war es am Pfingsttag: *,,Wir hören sie in unseren Sprachen von den großen Taten Gottes reden''* (Apostelgeschichte 2,11). Dies geschieht auch in unseren Tagen nicht selten.

Ich selbst habe schon in japanischer und nepalesischer Sprache in Zungen gesprochen. Ich kenne keine der beiden Sprachen; in beiden Fällen waren es aber Anwesende, die diese Sprachen kannten und sie übersetzten. Ich hörte einen Mann in Zungen spanisch und französisch reden, obwohl er keine Kenntnisse in diesen Sprachen hatte. Meine Spanisch-Kenntnisse sind zwar nicht sehr groß, ich konnte aber einige Worte erkennen. Aber das, was er in Französisch sprach, war sehr klar, gut verständlich und langsam gesagt.

Ein Mann aus meiner Gemeinde, den ich sehr gut kenne, sprach zu verschiedenen Gelegenheiten perfektes Mandarin und wurde von Chinesen verstanden, die ihn hörten. Ich kenne andere Personen, die lateinisch, hebräisch, koreanisch, altfranzösisch und baskisch sprachen, wobei die Zungenredner nicht wußten, welche Sprache sie sprachen, aber Leute aus der Reihe der Anwesenden verstanden sie. (Du magst Beispiele aus deiner eigenen Erfahrung kennen oder meine gebrauchen, wenn du willst.)

Bitte, denke immer daran, wir sprechen nicht darüber, wie wir den Heiligen Geist bekommen können, sondern über seine Freisetzung, damit Er in dir so wirken kann, wie Er es sich wünscht und alle anderen Zimmer im Hause deines Lebens füllen kann. Wenn du noch nicht in einer Gebetssprache sprichst, ist dies nicht deshalb so, weil Gott dir diese Gabe verweigert, sondern weil du aus irgendeinem Grund gehemmt und gehindert bist. Dann laß dem Heiligen Geist noch mehr Raum. Irgend etwas steht noch im Wege. Vielleicht müssen zuerst seelische Wunden geheilt werden, bevor du dich ganz „loslassen" kannst. Versuche es herauszufinden und gib nicht auf. Das Reden in Zungen ist sehr wichtig für dein Leben als Christ.

(Lege starke Betonung darauf, daß das Reden in Zungen ein wichtiger Teil der Taufe mit dem Heiligen Geist ist. Dies sollte ausdrücklich und entschieden gesagt werden, denn viele meinen, daß man nicht wirklich in Zungen zu reden braucht.)

4. Kapitel

Vorbereitung zum Empfang der Geistestaufe

Die erste und wichtigste Vorbedingung zum Empfang ist, Jesus als Retter angenommen zu haben. Bete niemals für dich oder für jemand anders um die Taufe im Heiligen Geist, wenn du nicht sicher bist — soweit wir das erkennen können —, daß er oder sie Jesus angenommen haben, denn erst dann ist der Heilige Geist in ihnen. Wenn du dich dessen nicht vergewisserst, kann es vorkommen, daß du mit jemand betest, der noch gar kein Christ ist.

Nicht nur, daß überhaupt der Geist Gottes nicht in ihm lebt, sondern es kann sogar ein anderer Geist in ihm Wohnung gemacht haben. Wenn du eine solche Person ermutigst, den Geist freizusetzen, mag sich dieser andere Geist manifestieren, vielleicht sogar in einer unheimlichen und furchterregenden Weise. Und du wirst deine Autorität in Jesu Namen über ihn in Anspruch nehmen müssen, wodurch andere Leute, die gerade beten, verwirrt werden und in Angst kommen können, sogar die betroffene Person selbst. Am Anfang der Erneuerung, und auch heute noch an manchen Orten, betete man mit den Leuten ohne die geringste Vorbereitung und fragte sie nicht einmal, ob sie Jesus kennen.

(Halte an dieser Stelle inne und frage, ob alle Jesus und die Vergebung der Sünden angenommen haben und durch den Heiligen Geist wiedergeboren wurden. Es gibt Leute, die seit Jahr und Tag zur Gemeinde kommen, aber nicht Jesus persönlich in ihr Leben aufgenommen haben. Setze deshalb nicht einfach aufgrund der Tatsache, daß die Person ein treuer Kirchgänger oder gar ein Geistlicher ist, voraus, daß er notwendigerweise auch persönlich das Heil erfahren hat. Und auf keinen Fall gehe davon aus, daß jemand den Herrn eingelassen haben muß, einfach weil er oder sie eine christliche Versammlung oder Konferenz besuchten.)

Gebet zur Annahme Jesu

Bitte schließt die Augen und haltet sie eine Weile geschlossen. Und das deshalb, damit sich niemand gehemmt oder verlegen fühlen muß. (Du aber halte deine Augen offen, damit du die Leitung dessen gut in Händen hast, was ansteht. Dann sage ungefähr folgendes:)

,,Während du die Augen geschlossen hältst, möchte ich dich fragen, ob du dich an eine bestimmte Zeit erinnern kannst, wo du Jesus als Herrn und Heiland angenommen und Ihn gebeten hast, in dein Leben zu kommen. Ich frage dich nicht, ob du an Gott glaubst. Du wärst nicht hier, wenn das nicht der Fall wäre. Ich frage dich nicht, ob du zu einer Kirche oder Gemeinde gehörst und ob du aktiv in einer christlichen Arbeit stehst. Ich frage dich, ob du Jesus angenommen hast, ganz persönlich, von Person zu Person. Manche haben ihre Religion aufgrund ihrer Eltern oder ihrer Kirche oder ihres Pastors. Aber hast du eine eigene, persönliche Beziehung zum Herrn?

Ich frage dich auch nicht, ob du gefühlt hast, daß etwas geschah oder ob du fühlst, daß Er in dir lebt, sondern ich frage dich nur, ob du Ihn jemals gebeten hast, in dein Leben zu kommen. Denn wenn du das tatest, kam Er, ob du das nun fühltest oder nicht.

Jeder von euch hier, der nicht sicher ist, daß er persönlich zu Jesus ja gesagt hat, es aber jetzt tun möchte, der hebe seine

Hand und gebe damit sein Ja zu erkennen. Ich bitte euch nicht, nach vorn zu kommen und möchte euch in keiner Weise in Verlegenheit bringen. Dies ist eine Sache zwischen dir und dem Herrn Jesus. Aber zögere bitte nicht, es zu tun. (Mach hier eine Pause, damit die Leute die Hand heben können. Es ist gut, jede Hand, die nach oben geht, zur Kenntnis zu nehmen und zu bestätigen, so daß die Leute wissen, daß du ihr Bekenntnis gesehen hast. Du kannst das tun, indem du sagt: „Gott segne dich!" oder „Preis dem Herrn!")

Nun bitte ich euch, die ihr die Hand erhoben habt, euch mit mir im Gebet zu vereinigen. Macht die Worte, die ich jetzt sage, zu eurem eigenen Gebet. Andere können sich immer noch beteiligen, wenn sie es wünschen. Es ist nicht falsch, seine Hingabe an den Herrn zu erneuern:

„Vater im Himmel, ich glaube, daß Jesus Dein Sohn ist und als Mensch zu uns kam. Ich glaube, daß Er am Kreuz starb und Sein Blut vergoß, um die Sünde der Welt hinwegzunehmen. Ich glaube, daß Er von den Toten auferstanden ist und uns Auferstehungsleben gibt.
Herr, Gott, ich bekenne Dir alle falschen Dinge, die ich getan habe, alle Sünde und Schuld meines Lebens. Bitte, vergib mir und wasche mich rein in Jesu kostbarem Blut. Ich glaube, daß Du dies gerade jetzt tust und nehme Deine Vergebung an. Danke, Vater! Danke, Herr Jesus!
Lieber Jesus, ich öffne Dir mein Leben. Komm hinein, Herr Jesus. Ich nehme Dich als Heiland und König an. Komm und lebe in mir und gib mir Deinen Heiligen Geist. Danke, Herr. Ich glaube, daß Du nun in mir lebst, daß ich durch den Geist wiedergeboren bin und daß ich neues Leben in mir habe. Danke, Vater! Danke, Herr Jesus!"

Wenn du Ihn nie zuvor gebeten hast, in dein Leben zu kommen, so kannst du jetzt sicher sein, daß du es eben getan hast und Er in dir eingezogen ist. Denn durch Jesus lebt der Heilige Geist in dir, und du kannst Seine Kraft in deinem Leben freisetzen. Es ist gut, dieses Datum irgendwo zu notieren, so daß du genau weißt, wann du Jesus als Herrn und Heiland angenommen hast und Sein eigen wurdest.

Überprüfe deine Haltung

Du möchtest den Heiligen Geist einladen, der in deinem Geist lebt, deine Seele und deinen Leib zu erfüllen bzw. zu taufen. Das ist ein guter Zeitpunkt, zu schauen und zu überlegen, ob es etwas gibt, das im Wege stehen könnte. Um noch einmal auf das Bild zurückzukommen, wo ein Freund bei dir zu Hause dich besucht: Es wäre gut, wenn du alles, was ihn verletzen oder kränken könnte, beseitigst.

Findet sich manches in deinem Leben, von dem du weißt, daß der Heilige Geist es nicht akzeptieren und hinnehmen kann und daß es korrigiert werden muß? Am häufigsten ist die Unversöhnlichkeit. Gibt es jemand, dem du nicht vergeben hast? Sagst du über jemand, der dich übervorteilt, falsch behandelt oder dir in irgendeiner anderen Weise Unrecht getan hat: ,,O, ich hasse ihn nicht, aber ich möchte auf jeden Fall nichts mehr mit ihm zu tun haben und kann ihm auch nicht vergeben!"

Mit dem Herrn kannst du kein doppeltes Spiel treiben. Jesus sagt sehr klar, daß dann, wenn wir anderen nicht vergeben, Gott uns auch nicht vergeben kann: ,,*Denn wenn ihr steht und betet, so vergebt, wenn ihr etwas gegen jemanden habt, damit euch euer Vater im Himmel auch vergebe eure Übertretungen*" (Markus 11,25).

,,Aber", magst du sagen, ,,wenn du wüßtest, was geschehen ist ... Ich kann ihm einfach nach dem, was er mir angetan hat, nicht vergeben."

Nun denn, dann sage es Gott: ,,Herr, ich fühle ehrlich nicht, daß ich ihm vergeben kann, und ich kann mich auch nicht dazu bringen. Aber weil ich weiß, daß Du willst, daß ich es tue, ist alles, was ich Dir sagen kann: Ich will wollen! Ich möchte wollen!"

Gott wird das akzeptieren, und es wird nicht lange dauern, dann wirst du merken, wie du vergibst. Gott wird sich deiner annehmen und dir helfen, alles zu vergeben. Gott liebt es, wenn wir ehrlich zu Ihm sind.

Es gibt noch andere Dinge, die Gott nicht gefallen: Empfindlichkeit, Zorn, negative Lebenshaltung und Pessimismus, Groll, innere Unruhe, Sorgengeist, sexuelle Probleme usw. Du kannst das nicht einfach wegwischen, aber du kannst aufhören, es zu entschuldigen und alles dem Herrn übergeben. Wenn du schlechte Launen hast, dann kannst du aufhören, dafür Entschuldigungen vorzubringen, dich zu rechtfertigen oder dich gar zu rühmen und die anderen zu warnen: „Du mußt dich eben vorsehen bei mir. Ich bin nun mal kurz angebunden und zu Kurzschlußhandlungen fähig!" Bitte statt dessen Gott, dir gegen den Zorn, deine Launenhaftigkeit, Gereiztheit usw. zu helfen und dir zu vergeben, wo du die Geduld verloren hast und dir „der Gaul durchgegangen" ist.

Wenn du sexuelle Probleme hast, dann solltest du aufhören zu behaupten, daß Gott dich eben so geschaffen hat und solltest erkennen, daß du Heilung brauchst — und Vergebung, wenn du deine falschen Neigungen in die Tat umgesetzt hast.

Entschuldige auch die Probleme nicht mit der Behauptung, es sei eben dein „alternativer Lebensstil". Gott akzeptiert nur einen Lebensstil — den von Jesus. Wenn du Gott gegenüber zugibst, daß du Probleme hast, kann Er dir zeigen, wie du sie anpacken kannst und was du machen mußt. Er weiß, daß du sie allein nicht loswerden kannst, aber Er kann dir nicht helfen, wenn du an ihnen hängst und sie entschuldigst. Übergib sie dem Herrn, damit Er sich ihrer annehmen kann. Nenne sie Ihm, und der Weg wird frei.

Und wie steht es mit den Dingen, derer du dich nicht mehr erinnern kannst? Wenn du in deinem Wandel im Geist voranschreitest, dann achte darauf, was der Herr dir an verborgenen Gebieten deiner Persönlichkeit zeigt, die Er heilen möchte. Je mehr du Heilung erfährst, desto freier wirst du im Geist. Jeder von uns hat tief in seiner Seele Wunden, die ihm nicht bewußt sind, die aber den Fluß des Geistes beeinträchtigen bzw. stören können. Jesus möchte auch da Heilung bringen, aber Er kann es nur tun, wenn wir es Ihm erlauben. Wir dürfen nichts verschlossen halten, sondern müssen Ihm alles offenlegen. Die Seele mancher Leute ist so verletzt worden, daß sie zuerst geheilt werden muß, ehe sie überhaupt die Freiheit des Geistes erfahren können. Hier kann das Gebet um Heilung der Seele wirklich hilfreich sein.

Laßt uns innehalten und gerade jetzt für diese Dinge beten. Wollt ihr bitte wieder eure Augen schließen, so daß sich niemand befangen oder gehemmt fühlen muß. Wenn du dich jetzt an solche falschen Dinge in deinem Leben erinnerst und erkennst, daß in dieser Beziehung manches in deinem Leben anders werden muß, dann bete mit mir und mache nun die folgenden Worte zu deinem eigenen Gebet:

„Lieber Vater, ich erkenne, daß ich falsche Haltungen in meinem Leben habe, besonders erinnere ich mich an folgende..."
Nun sage Gott die Dinge, die du Ihm hinlegen und übergeben willst.
„Ich überlasse Dir diese Dinge, Vater, ich übergebe sie Dir und bitte Dich, mir zu helfen und die diesbezüglichen sowie auch alle anderen Sünden meines Lebens zu vergeben. Ich nehme Deine Vergebung an und bitte Dich, mich jesusähnlicher zu machen."
„Und alle Geister, die ihr mit diesen Dingen in Verbindung steht, ich binde euch in Jesu Namen. Weicht von mir! In Jesu Namen und unter Seinem kostbaren Blut."

Wenn du dich erinnerst, daß du jemandem nicht vergeben hast, dann nenne die Person mit Namen und bitte Gott, daß du ihm oder ihr vergeben kannst oder daß Er dir hilft, ihnen vergeben zu WOLLEN:

> „Lieber Vater, Du weißt, daß ich gegen A... und B... Groll hege. Ich bringe Dir das und vergebe ihnen mit Deiner Hilfe gerade jetzt. Ich bitte Dich, sie zu segnen, zu heilen und laß sie zur Erkenntnis Deiner selbst durch Jesus Christus gelangen, falls dies noch nicht geschehen ist. Ich löse mich von allem Haß und aller Unversöhnlichkeit in Jesu Namen."

(Du kannst die Leute dieses Gebet zusammen sagen lassen, wobei du eine Pause machst, damit sie die Namen der Person oder der Personen nennen können, denen sie vergeben wollen.)

5. Kapitel

Zwei andere Gebiete

Es gibt noch zwei andere Gebiete, über die wir sprechen müssen, bevor wir um die Freisetzung des Heiligen Geistes beten. Sie mögen dich nicht direkt betreffen, aber es ist trotzdem gut, wenn du über sie Bescheid weißt. Du solltest nie für dich oder jemand anders um die Taufe im Heiligen Geist beten, bevor die nachfolgend erwähnten Dinge nicht geklärt und bereinigt sind.

Das erste ist: Bist du in eine andere Religion als Christentum und Judaismus verwickelt gewesen oder damit in Kontakt gekommen? Das bezieht sich nicht nur auf außerchristliche Religionen, sondern auch auf synkretistische Weltanschungsvereinigungen und Sondergruppen, ebenso auch auf die modernen Religionen, Philosophien und Kulte. Viele davon beziehen ihre Gedanken aus dem alten Heidentum. Die Transzendentale Meditation zum Beispiel, obwohl hier erst in den letzten Jahrzehnten aufgekommen, ist in Wirklichkeit eine Form des Mantra Yoga Hinduismus.

Die meisten dieser erwähnten religiösen Vereinigungen lehren, daß Jesus eine große Führerpersönlichkeit, ein Lehrer und ein Prophet war, aber nicht, daß Er wirklich Gott ist. Sie glauben nicht, daß Er körperlich auferstand. Einige sprechen auch von einer geistigen Auferstehung. Sie glauben auch im allgemeinen nicht, daß Er starb, damit unsere Sünden vergeben werden können.

Mit der Sünde, so behaupten sie, muß man selbst fertig werden, entweder in diesem oder in einem kommenden Leben auf Erden, wenn wir in einem anderen Körper wiedergeboren werden (Reinkarnation). Andere sagen, daß Sünde und Krankheit nur Irrtümer unseres menschlichen Verstandes sind. Wenn erst das Denken in die richtige Bahn gelenkt wurde und in Ordnung gekommen ist, wird alles gut sein.

Manche behaupten, Formen des Christentums zu sein, aber ihre Lehren unterscheiden sich sehr stark von der Bibel. Eine Organisation, die von vielen als christliche Kirche betrachtet wird, sagt, daß Jesus göttliche Person ist, aber dann entdeckst du, daß sie glauben, daß Er es dadurch wurde, daß Er die Vorschriften des Evangeliums hielt, womit sie die Lehren ihrer Organisation meinen. Nach ihren Aussagen kommt die Errettung durch das Halten dieser Vorschriften zustande und nicht dadurch, daß man Jesus als Retter annimmt.

Jesus ist, so sagen sie, ein Beispiel dafür, daß Menschen „allmächtige Götter" werden können, wenn sie dieser Lehre folgen. Diese „Gottmenschen" werden dann ihre eigenen Planeten bekommen, über die sie herrschen dürfen. Einige von ihnen glauben, daß Adam der „allmächtige Gott" des Planeten Erde wurde. Ein Mann kann viele Frauen haben (sie glauben, daß Jesus mit drei Frauen verheiratet war) und kann, wenn er Gott geworden ist, die Frauen, die er gern hatte, auferstehen lassen. Er kann dann seinen eigenen Planeten mit den Kindern, die ihm seine Frauen gebären, in alle Ewigkeit bevölkern.

Die bekannteren dieser Organisationen sind z. B. die Christliche Wissenschaft, die Kirche Jesu Christi der Heiligen der letzten Tage (Mormonen), die Zeugen Jehovas, die Subud-Bruderschaft, Bahai, Yoga, Scientology, Transzendentale Meditation, die Neue Kirche (Swedenborg- Gesellschaft). Du findest eine Liste am Ende dieses Buches. Es steht dir frei, sie zu kopieren und zu verteilen, falls du es wünschst.

Es gibt Gruppen innerhalb des Christentums, die betonen einige Sonderlehren so stark, daß sie alle jene ausschließen, die in diesem Punkt nicht mit ihnen einverstanden sind. Sie glauben, daß nur jene, die ihre Lehren angenommen haben und ihrer

Organisation beigetreten sind, gerettet werden und besondere Vorrechte im Reich Gottes haben.

Diese „alleinrechthabenden" Sekten des Christentums sind keine heidnischen Religionen im Sinne des Wortes, aber dadurch, daß sie bestimmte Lehren überbewerten, werden sie es in der Praxis. Einige leugnen die Trinität Gottes, obwohl sie an Jesus als Heiland glauben. Sie sagen, Jesus selbst ist Vater, Sohn und Heiliger Geist. Andere bestehen darauf, daß nur jene, die die Wassertaufe nach einer bestimmten Form der Worte empfangen haben, wirklich gerettet sind. Bei wieder anderen muß man sich bestimmten Prinzipien oder einer besonderen Form von Autorität unterwerfen.

Das Problem dieser Gruppen mit dem Anspruch auf alleinrichtige Lehre besteht nicht so sehr darin, daß sie selbst diesen Lehren nachkommen, sondern daß sie darauf bestehen, daß alle anderen sich ihnen anschließen müssen, um gerettet werden zu können. Wenn du zu einer solchen Gruppe gehörst oder gehört hast, ist es nötig, daß du aller Lehre absagst, die im Gegensatz zur Schrift steht.

Neben den modernen Religionen und Sekten haben wir die alten Religionen Buddhismus, Hinduismus, Islam, Taoismus usw. Dies schließt auch die Religionen solcher Kulturen wie der Hawaianer, Indianer, Eskimos und anderer ein. Man sollte ihr kulturelles Erbgut achten, aber wenn die Religion einer bestimmten Nationalität oder Rasse gegen den Willen und das Wort des wahren Gottes steht, muß sie aufgegeben werden, und man muß sich davon lossagen. Das ist kein Rassismus. Die Wahrheit Jesu hat nichts zu tun mit Rasse oder Nationalität. Unglücklicherweise wird das Christentum oft als Religion der weißen Rasse, besonders der Europäer, betrachtet, was ziemlich eigenartig ist, denn Jesus war kein Europäer, sondern ein Mann des Nahen Ostens. Und in der heutigen Welt hat das Christentum den meisten Zuwachs in den außereuropäischen Ländern.

Gewöhnlich beinhalten die heidnischen Religionen die Anbetung dämonischer Geister, und das läßt sich nicht mit dem Christentum vereinbaren, verbinden oder vermischen, obwohl es oft versucht wird. Manche Leute wenden sich diesen alten Religionen zu. An manchen Orten läßt man die alten Feste und Götzen wiederaufleben, einschließlich der Anbetung der Götter und Göttinnen der Antike. Von diesen geschichtlich nichtchristlichen Religionen muß eine klare Trennung und Absage erfolgen, wie auch von den modernen (Neu-) Religionen, wenn man mit ihnen in Kontakt kam bzw. in sie verwickelt war.

Der Judaismus ist jedoch ein Sonderfall. Er ist natürlich keine heidnische Religion. Aus seiner Wurzel erwuchs das Christentum. Ein Jude muß nicht dem Judaismus absagen, aber er muß den Herrn Jesus als Messias annehmen. So wird er ein „vollständiger" Jude. Er muß erkennen, daß er nicht durch das Gesetz, sondern nur durch den Glauben an Jesus gerettet werden kann.

Manche Leute verschreiben sich einem philosophischen oder psychologischen System, wie dem von Karl Jung oder Teilhard de Chardin, als ob es Religionen wären. Die Lehre solcher Männer mag Wahrheiten enthalten, aber wir müssen Nachfolger Jesu werden, nicht Nachfolger von Menschen, und unsere Bezugsquelle ist die Bibel. Wenn jemand sich in ein solches System hineinbegeben und sich darauf festgelegt hat, muß er sich ebenfalls davon lossagen.

Wenn du zu irgendeiner Zeit in deinem Leben einem dieser Kulte oder heidnischen Religionen usw. verbunden warst, mußt du dieser Bindung absagen, bevor du um die Freisetzung des Heiligen Geistes bittest. Das trifft auch zu, wenn die Verbindung zeitlich weit zurückliegt. Alle diese Einflüsse müssen aufhören bzw. von dir weichen.

Wenn du dieses Gebiet nicht bereinigt hast und trotzdem willst, daß der Heilige Geist deine Seele und deinen Leib erfüllen soll, kannst du in einen qualvollen inneren Kampf geraten, der zu Depressionen, sprunghaftem Verhalten usw. und in extremen Fällen sogar bis zu einem Nervenzusammenbruch führen kann. Das wird nicht nur dir Kummer machen, sondern auch den Personen, die dies beobachten und miterleben. Sie werden bestürzt und verwirrt. Der Heilige Geist wird dann zwar die

Oberhand gewinnen, aber warum durch das alles hindurchge-
hen? Nimm dich dieses Problems vorher an.

Das Okkulte

Das andere Gebiet, das bereinigt werden muß, ist das Okkulte.
Das schließt solche Dinge wie Gedankenlesen (Telepathie), außersinnliche Wahrnehmungen (ESP), Hellsehen (zweites Gesicht), Psycho- und Telekinese, Astrologie (Horoskope), Wahr-
sagen, Teeblätter- und Kaffeesatzlesen, Handlinienlesen, Pendeln, Kartenlegen, I-Ching, Gebrauch von Buchstabiertafeln
(für spiritistische Sitzungen), Kristallkugeln und alle anderen
Praktiken in dieser Richtung ein. Dazu gehört auch jeglicher
Versuch, Kontakt mit anderen Geistern als dem Geist Gottes zu
knüpfen, auch jede Art von Spiritualismus oder Spiritismus und
die Beschäftigung mit sogenannten psychischen Phänomenen.
Das Wort *okkult* bedeutet *verborgen*. Als sich der Mensch
von Gott abwandte, gewann Satan die Herrschaft und setzte sich
in seinen dunklen, geistlichen Bereich ab, den wir die psychische Welt nennen. Er füllte ihn, wie es der Apostel Paulus ausdrückt, *,,mit Mächtigen und Gewaltigen, nämlich den Herren
der Welt, die in der Finsternis herrschen, mit den bösen Geistern unter dem Himmel''* (Epheser 6,12).
Wenn du versuchst, dich dieser okkulten Kräfte zu bedienen,
kommst du in Kontakt mit dieser Finsterniswelt. Du öffnest die
Tür für das Hereinkommen falscher Geister, die dich bedrän-
gen, belästigen und deiner Seele Kummer bereiten. Sie lassen
dich nicht in Ruhe und quälen dich. Die Finsternis findet Ein-
gang in deine Gedanken- und Gefühlswelt. Dadurch wird das
Werk des Geistes nicht nur behindert, sondern es wird frontal
dagegen angekämpft. Wenn du je in deinem Leben an Okkultem
teilgenommen hast, mußt du dich davon lossagen.
Es ist nicht möglich, hier umfassend über alle falschen Religionen und den Okkultismus zu berichten. Wenn du Schwierigkeiten hast, mit dem, was ich darüber gesagt habe, übereinzu-

stimmen oder dich gar darüber ärgerst, dann bitte nicht um den Empfang der Taufe im Heiligen Geist, bis du Klarheit darüber gewonnen hast und bereit bist, diesem allem abzusagen.

Es ist psychologisch und spirituell gefährlich, die Lehren der falschen Religionen mit der Kraft des Heiligen Geistes vermengen zu wollen, denn manche dieser anderen „Glauben" stehen in Verbindung mit mächtigen dämonischen Kräften. Es ist deshalb bedrohlich, sich mit dem Bereich des Teufels einzulassen und zugleich zu versuchen, die Kraft des Heiligen Geistes zu empfangen. Das stellt für die Mächte des Lichts und der Dunkelheit eine Einladung dar, deine Seele als Schlachtfeld zu benutzen. Auch wenn du dich nicht genau an eine spezielle Beteiligung an solchen okkulten Dingen erinnerst, kannst du das Gebet trotzdem mitbeten und alles Gott hinlegen, wenn da etwas sein mag, was vielleicht deiner Erinnerung entflohen ist. Stelle das Kreuz und das Blut Jesu zwischen dich und die falschen Einflüsse.

Die Lossage von falschen Lehren

(Schließt bitte wieder eure Augen, so daß sich niemand exponiert und bloßgestellt fühlt.) Wenn du dich nun erinnerst, daß du an solchen falschen Religionen und Gruppen oder an Okkultem beteiligt warst und du dich davon lossagen möchtest, dann hebe bitte deine Hand. Ich möchte dich nicht in Verlegenheit bringen. Aber um deiner selbst willen zögere nicht. Bete bitte das folgende Gebet mit mir, ob du dich nun an Bestimmtes erinnern kannst oder nicht:

> „Lieber Vater, ich habe an Lehren und Praktiken, die gegen Deinen Willen waren, gegen Dein Wort standen oder in anderer Weise Dir nicht gefallen haben, teilgenommen. Ich habe sie akzeptiert und geglaubt. Ich bereue es, es tut mir leid. Ich bitte Dich nun, mir im Namen Jesu zu vergeben. Besonders in Erinnerung ist mir . . ."

Nun sage dem Herrn — in der Stille zwischen dir und Ihm —, wovon du dich lossagen willst und was aus deinem Leben hinaus muß. Wenn du dich erinnerst, daß du dich an einer falschen Religion bzw. Lehre beteiligt oder an Okkultem teilgenommen hast, dann sage jetzt Gott, um was es sich dreht. Dann fahre fort:

> „Ich sage mich von all diesen Dingen im Namen Jesu und unter Seinem kostbaren Blut los. O Herr, ich verspreche Dir, daß ich mich mit Deiner Hilfe nicht mehr in solche Sachen einlasse. Ich binde diese Mächte und treibe sie von meinem Leben hinweg. In Jesu Namen. Amen."

6. Kapitel

Wie man die Taufe
im Heiligen Geist erlangt

Denke daran, daß *du* es bist, der nun die Taufe im Heiligen Geist empfangen soll. Empfangen ist etwas, das *du* tust. Ich kann dir ein Fünf-DM-Stück anbieten, aber wenn du es nicht nimmst, kann ich nichts machen. Ich kann dir nur das Geldstück hinhalten, nehmen mußt du es. So ist es auch mit der Taufe im Heiligen Geist.

(Als Anschauungsbeispiel kannst du vielleicht tatsächlich jemand ein Fünf- DM-Stück anbieten, um dies klarzumachen. Du kannst dabei zeigen, daß du es dem anderen zwar hinhalten kannst, aber wenn er nicht danach greift und es nimmt, kann er es nicht empfangen. Du kannst es ihm nur anbieten, empfangen kannst du es nicht für ihn.)

Wie empfängt man die Taufe im Geist?

Wie *empfängst* du sie? So wie die Gläubigen im Neuen Testament es taten: *,,Und fingen an, in anderen Sprachen zu reden, wie der Geist ihnen gab auszusprechen''* (Apostelgeschichte 2,4). Ich weiß nichts anderes, um dir klarzumachen, wie es vonstatten geht. Reden in Zungen ist der Schlüssel, der deinen Geist aufschließt und es dem Heiligen Geist erlaubt, herauszufließen und den Rest deines Seins zu taufen.

Einige werden sagen: „Ich möchte den Heiligen Geist durch *Glauben* empfangen!" Das ist gut, wenn du weißt und erkannt hast, daß Glaube zum Tun führt. Es bedeutet aktiv und tätig Gott zu vertrauen. Wenn Petrus im Boot geblieben wäre und gesagt hätte: „Ich habe Glauben, daß ich auf dem Wasser gehen kann", aber nicht gegangen wäre, hätten ihm die anderen Jünger wahrscheinlich gesagt: „Wenn du tatsächlich Glauben hast, dann steig doch aus dem Boot. Wir werden dann sehen, ob dein Glaube wirksam ist. Zeige es uns, indem du es tust!" Nicht umsonst schreibt Jakobus, daß der Glaube ohne Werke tot ist (Jakobus 2,17-20).

Um in anderen Sprachen zu reden, mußt du aus dem Boot aussteigen, d.h. einen Schritt des Glaubens tun und mußt anfangen zu reden, wie Petrus anfing, auf dem Wasser zu gehen. Petrus wußte schon als kleines Kind, wie man läuft, denn damals hatte er ja das Laufen gelernt. So auch bei dir: Du weißt auch schon seit deiner Kindheit, wie man Worte ausspricht.

Petrus stieg aus dem Boot und ging vorwärts. Er tat also etwas, von dem er wußte, wie man es tat. Aber dabei vertraute er gleichzeitig Jesus, daß Er ihn über Wasser halten würde. Und so darfst du es auch machen: Du fängst an zu sprechen — etwas, von dem du weißt, wie man es macht — und vertraust dabei Jesus, daß Er dir die Worte gibt. Das Reden ist dabei genau so definitiv etwas, das du tust, wie wenn du eine andere Sprache sprichst. Gott spricht nicht in Zungen und wird dich auch nicht in der Weise sprechen machen, daß Er quasi der Bauchredner ist und du die Puppe bist.

Gott behandelt dich nicht auf solch eine Weise. Er respektiert deinen freien Willen. Außerdem würde es keine Aktion des Glaubens sein, wenn du warten müßtest, bis Gott dich zum Reden bringt bzw. dich reden macht. Petrus wartete nicht darauf, daß Jesus kam, ihn aus dem Boot heraushob und auf dem Wasser gehen machte, sondern er begann das zu tun, was er tun konnte - und das war, zu gehen. Jesus hatte zu Ihm gesagt: „Komm!" Und so kam Petrus. Er ging im Vertrauen auf Jesus und ging so auf dem Wasser. Wenn Petrus nicht im Glauben aus dem Boot hinausgestiegen wäre und nicht angefangen hätte zu gehen, wäre er niemals auf dem Wasser gegangen.

Einige Leute denken, sie müßten „unter die Kraft fallen", um in Zungen zu reden. Damit meinen sie, daß die Kraft und Herrlichkeit Gottes sie überwältigen muß. Daß jemand zu Boden stürzt, wenn er die Kraft des Geistes spürt, kommt zuweilen vor. Es mag auch so geschehen, wenn für jemand um Heilung gebetet wird oder auch wenn jemand um die Taufe im Heiligen Geist betet, aber das muß nicht immer so sein. Du BRAUCHST NICHT auf diese Weise unter die Kraft zu fallen, um in Zungen zu reden; nicht mehr, als wenn du von Krankheit geheilt wirst.

„Fallen unter der Kraft" geschieht unter der überwältigenden Liebe und Kraft Gottes und kann gewiß eine Person empfänglich für den Heiligen Geist machen, aber es ist keine Notwendigkeit und kein Muß. Die Schrift erwähnt nicht, daß die Leute hinfielen, die im Geist getauft wurden. Bei einigen mag es so gewesen sein, aber es steht nichts darüber geschrieben, und so können wir es auch nicht als Musterbeispiel nehmen, dem wir zu folgen hätten.

Außerdem halten manche Leute, die beim Gebet um die Freisetzung des Heiligen Geistes unter der Kraft fallen, dies für die Taufe im Geist und fangen nicht an, in Zungen zu reden. Wenn also jemand während des Gebets hinfällt, so ermutige ihn, seine Gebetssprache zu gebrauchen.

Du fängst an, in Zungen zu reden, wie du anfängst, in jeder Sprache zu reden, nämlich indem du Laute bildest. Ein Baby, das Sprechen lernt, hat keine Worte im Gedächtnis, deshalb beginnt es einfach Laute zu formen, die dann erst später Bedeutung bekommen. Wenn du eine dir bekannte Sprache sprichst, hast du einen Wortschatz in deinem Gedächtnis, nach dem du die Laute formst. Wenn du jedoch in Zungen redest, bildest du, wie das Baby, einfach Laute. Du hast keinen Wortschatz dieser neuen Sprache in deinem Gedächtnis, nach denen du die Laute formen und die Aussprache vornehmen könntest. Der Heilige Geist ist aber bereit, dich mit Worten zu versorgen, und deshalb nehmen die Laute, die du sprichst, die Form an, die Er haben möchte und haben eine Bedeutung, die Seinem Willen entspricht.

Du bist wirklich einem Kind gleich, wenn du in Zungen redest, und das entspricht dem, was Jesus in Matthäus 18,3 sagt: *„Werdet wie die Kinder.“* So bringt uns das Zungenreden dazu, von unserem intellektuellen Stolz herunterzukommen und uns zu demütigen. Der moderne Mensch möchte alles mit seinem Verstand erfassen und unter dessen Kontrolle bringen, aber wer in Zungen spricht, tut es nicht mit eigener Klugheit, sondern in kindlicher Einfachheit und im Vertrauen auf Gott.

Auf der anderen Seite bist du es, der, obwohl du die Worte des Geistes gebrauchst, das Sprechen besorgt. Es ist manchmal so, als ob ein Pianist sich entschließt, Musik zu spielen — z. B. von Johann Sebastian Bach. Die Musik, die nun gespielt wird, ist Bach'sche Musik, denn der Klavierspieler folgt der Musik von Bach. Der Ausführende ist jedoch der Pianist, er bringt die Musik zu Gehör. Er kann das Stück etwas langsamer oder schneller spielen, etwas lauter oder leiser, eine Oktave höher oder tiefer. Die einzige Begrenzung liegt darin, daß er sich, nachdem er sich für das Spielen einer Bach-Fuge entschlossen hat, in der Musik bewegt, die Bach damals komponierte. Er kann sich natürlich auch entscheiden, etwas anderes zu spielen, z. B. Beethoven. Aber wenn er Bach spielen möchte, muß er der Musik Bachs folgen.

In ähnlicher Weise kannst du mit dem Reden in Zungen anfangen und aufhören, wann immer du willst. Du kannst laut oder leise, schnell oder langsam sprechen; aber wenn du wünschst, daß du die Sprache, die der Herr dir gibt, sprichst, mußt du Seiner „Partitur“, also Seinen Noten, folgen und die Worte aussprechen, die Er dir anbietet.

Ein Unterschied besteht allerdings darin, daß Gott dir nicht die ganze Partitur, sprich den genauen Wortlaut auf Papier geschrieben, vor dich stellt, sondern daß Er dich bittet, Ihm für jede Silbe, wie sie beim Sprechen kommt, zu vertrauen. (Es gibt Ausnahmen. Manchmal kommen einer Person schon vorher die Worte in den Sinn. Wenn dir das so geschieht, dann sprich sie aus. Gelegentlich sieht einer auch Worte wie auf eine Tafel geschrieben. Wenn das so ist, so lies einfach ab.)

Wenn du anfängst, in irgendeiner Sprache zu sprechen, beginnst du damit, daß du Laute bildest. Das ergibt dann die erste Silbe dessen, was du sagst. So ist es auch beim Beginn des Zungenredens. Du beginnst, indem du einen Laut aussprichst — was auch immer zuerst auf deine Lippen kommt. Eine Silbe, im Glauben ausgesprochen, kann den Geist freisetzen und Veränderung in dein Leben bringen. Aber du mußt anfangen zu sprechen. Wenn du diesen ersten Laut aussprichst — im Vertrauen darauf, daß es für Gott einen Sinn hat — , wird dies die erste Silbe deiner neuen Zunge. Und dann geh zur nächsten Silbe über und zur nächsten und so fort, und die Sprache beginnt zu fließen.

Das ist kein Test oder eine Prüfung für Geistlichkeit. Es ist kein Examen, wo du durchfallen kannst. Das einzige, was hier aufgezeigt wird, ist der Grad deiner Hemmungen. Das Reden in Zungen zeigt nicht an, wie heilig du bist, und du tust es auch nicht, um unter Beweis zu stellen, daß der Heilige Geist in dir ist. Denke daran: Wenn ich herausfinden möchte, ob der Heilige Geist in dir lebt, würde ich dich nicht bitten, in Zungen zu reden, sondern ich würde dich fragen, ob du Jesus als Retter angenommen hast.

Das Reden in Zungen oder das Beten im Geist, wie es Paulus erwähnt, ist etwas, das du befähigt bist zu tun, *weil* du den Heiligen Geist in dir hast. Jeder Christ kann die Taufe im Heiligen Geist empfangen und in Zungen reden. Du mußt einfach wie ein Kind kommen und Gott vertrauen. Erlaube dem Heiligen Geist, deine Stimme zu führen.

Satan hat zwei spezielle Störungen parat, mit denen er dir zu diesem Zeitpunkt kommt, wenn er kann. Die erste ist: ,,Das ist es nicht!" Und wenn du dir zu selbstkritisch zuhörst, wie es klingt, und ständig darauf achtest, wie du dich fühlst, mag er erfolgreich sein. Schenke ihm jedoch keine Beachtung, sondern fahre fort, im Glauben auszusprechen, was der Heilige Geist dir in den Mund legt.

Der andere Kommentar, mit dem Satan stören möchte und den er oft bereit hält, ist dieser: „Das bist du selbst, der spricht!" Man könnte einleuchtend entgegnen: „Wer sollte es denn sonst sein?" Denke daran, GOTT spricht nicht in Zungen. Er führt DICH zum Sprechen, und natürlich bist du es dann, der spricht, nur du. Du übernimmst das Sprechen und Gott das Inspirieren und Führen. Wenn du in Deutsch beten würdest, und jemand käme vorbei und würde bemerken: „Das bist nur du, der betet", würdest du antworten: „Natürlich bin ich es", und dem weiter keine Beachtung schenken. Und so solltest du es auch hier machen.

Wenn du angefangen hast zu reden, dann fahre fort. Sprich 10 oder 15 Minuten und mehr, wenn du genug Zeit hast. Und wenn du nach der Versammlung nach Hause gegangen bist, dann rede weiter! Jeden Tag fahre fort mit dem Beten im Geist, so oft du nur kannst.

Am Pfingsttag empfingen die Jünger und begannen zu sprechen, wie der Geist ihnen eingab. Und das ist genau das, wozu ich dich gerade jetzt einlade. Wir bitten Jesus, dich zu taufen, und du darfst dann diese Taufe empfangen, indem du deinen Mund öffnest und den Glaubensschritt tust, über den wir gesprochen haben. Gott wird dein Vertrauen in Ihn ehren.

Es kommt nicht darauf an, welche Laute du zuerst formst; genauso wie es bei Petrus nicht darauf ankam, ob er mit dem linken oder mit dem rechten Bein zuerst aus dem Boot stieg. Aber du mußt anfangen, Laute zu bilden. Das ist dein Schritt aus dem Boot hinaus. Und denke daran, daß du das Sprechen tust, nicht Gott. Was für Laute du auch formst, nimm sie, akzeptiere sie und fahre fort mit dem Sprechen.

Achte nicht darauf, wie du dich fühlen magst. Du sprichst mit deinem Vater im Himmel und sprichst Dinge aus, von denen Er weiß und möchte, daß du sie Ihm sagst.

Du magst Inspiration empfinden und ein erhebendes Gefühl haben oder auch nicht; du magst dich in den dritten Himmel versetzt fühlen und magst vor Freude lachen oder weinen. Das alles kann geschehen. Laß deine Gefühle, so wie sie sind, Ausdruck finden, aber erinnere dich daran, rücksichtsvoll gegenüber anderen Leuten um dich herum zu sein. Erschrecke sie nicht durch deinen Enthusiasmus. Aber laß dir auch nicht die Freude nehmen und gib ihr ruhig Raum.

Du magst aber auch, wie ich, überhaupt nichts empfinden, wenn du zuerst anfängst, im Geist zu reden. Auch das ist in Ordnung. Denke daran, die Gefühle kommen aus deiner Seele, und manchmal braucht es Zeit, bis der Heilige Geist sie erreichen kann. Das braucht dir aber keine Sorgen zu machen.

(Du hast nun die Instruktionen gegeben. Jetzt sollten die Leute ermutigt werden, dem nachzukommen, was du gesagt hast, so daß sie die Taufe im Heiligen Geist empfangen und in Zungen reden. Wenn jemand sagt: „Ich bin bereits im Heiligen Geist getauft, aber habe einfach noch nicht in Zungen gesprochen", dann laß dich nicht dadurch aufhalten, daß du dich mit ihm in Diskussionen verlierst. Bitte ihn einfach, jetzt in Zungen zu reden. Der Herr wird ihm zeigen, warum es wichtig ist. Wenn eine Person zu diesem Zeitpunkt um weitere Erklärungen bittet, dann bitte jemand anders, mit ihm — vielleicht in einem anderen Raum — zu sprechen, damit die anderen nicht abgelenkt werden.)

7. Kapitel

Schulung von Leuten, die dir helfen können

(Dieses Kapitel ist an dich, den Leiter, gerichtet)

Es ist wirklich wichtig, daß du, wenn es zur Gebetszeit kommt, Leute zur Verfügung hast, die dir helfen, besonders wenn die Gruppe groß ist. Du mußt aber hier sehr weise vorgehen, sonst richtest du mehr Schaden an als du Nutzen erzielst. Nach Möglichkeit solltest du vorher eine Vorbereitungszeit haben, in der du die Helfer einweisen kannst. Auf jeden Fall sollte niemand helfen, der nicht dem, was du der Gruppe gesagt hast, zugehört hat oder der nicht mit deinem Vorgehen vertraut ist. Es sollte auch niemand helfen, der selbst noch nicht die Taufe im Geist empfangen hat. Du und jene, die dir helfen, sollten frei in ihrer eigenen Gebetssprache reden können, denn es hilft den anderen wirklich, wenn auch du in der Zeit in Zungen redest, damit auch sie ermutigt werden, dies zu tun.

Hüte dich davor, einfach irgend jemand kommen und helfen zu lassen. Wenn du das tust, wirst du vielleicht einige dabei haben, die nach „altehrwürdigen Methoden" vorzugehen gedenken, und du wirst solche darunter haben, die meinen, man müsse unbedingt aufgeregt sein und viel Lärm machen. Du wirst unter Umständen auch solche haben, die raten: „Ahme meine Zunge nach", oder die einer Person empfehlen, bestimmte Worte auszusprechen. Und vielleicht hast du dann gar welche, die das Kinn des Betreffenden rütteln oder den Kopf massieren. Du hast möglicherweise den „armen alten Johann" unter den Suchenden, der schon 20 Jahre lang die Geistestaufe sucht und dem schon oft „geholfen" wurde. Was er wirklich braucht, ist, von diesen „wohlmeinenden Diensten" gerade jener Freunde wegzukommen.

Die Hauptpunkte

Wir kommen nun zu den grundsätzlichen Dingen, die deine Helfer wissen sollten, und die natürlich auch dich betreffen, der du mit den Leuten betest.

Stehe so vor der Person, mit der du betest, daß du gut gesehen und gehört wirst und dich leicht und natürlich mit dem Betreffenden unterhalten kannst. Du magst deine Hand leicht auf den Kopf oder die Schultern des Betreffenden legen. Bete laut in deiner eigenen Gebetssprache. Damit erlaubst du dem Heiligen Geist nicht nur, dir das rechte Gebet für diese Person zu geben, sondern es gibt auch einen Gebetshintergrund ab, in den sich der Betreffende leicht einfügen kann. Wenn er in Zungen redet, egal wie wenige Laute zunächst kommen mögen, oder auch wenn du nur Lippenbewegungen siehst, solltest du etwas Ermutigendes sagen: „Ja gut! Mach weiter so."

Gib den Leuten nicht etwas Vorgeformtes zu sagen auf und fordere sie auch nicht auf, das, was du sagst, nachzuahmen. Es ist wahr, daß das oft funktioniert, denn es läßt den Anfang finden. Aber du kannst dann später Ärger bekommen, wenn der Feind denjenigen einflüstert, daß sie gar nicht richtig in Zungen redeten, sondern nur dich kopierten. Gerade jene, die dem Zungenreden ablehnend gegenüberstehen, behaupten, daß die Leute einfach nur andere nachahmen, und diesen Eindruck solltest du nicht bestärken.

Der Grund, der die meisten Leute davon abhält, anzufangen in Zungen zu reden, ist, daß sie Bedenken haben, Laute zu formen. Versuche sie zu überzeugen und zu bewegen, mit dem Sprechen zu beginnen, und wenn es zunächst nur einfache Silben sind. Sage ihnen, daß die Schrift erklärt: *„Tue deinen Mund weit auf, laß Mich ihn füllen"* (Psalm 81,11) und *„Jauchzet dem Herrn, alle Welt"* (Psalm 100,1).

Wenn den Leuten aufgegangen ist, daß sie anfangen müssen, Laute zu formen, werden sie gewöhnlich beginnen, in Zungen zu reden. Erkläre ihnen, daß sie aufhören müssen, deutsch zu reden oder in jeder anderen Sprache, die sie kennen, bevor sie beginnen können, in Zungen zu reden. Man kann nicht zur selben Zeit zwei Sprachen sprechen. Du kannst nicht gleichzeitig mit dem Geist und mit dem Verstand beten — obwohl du es abwechselnd tun kannst (1. Korinther 14,15).

Wenn du auf jemand stößt, der auch nach einer längeren Zeit nicht willig zu sein scheint, seinen Mund zu öffnen und etwas auszusprechen, so „bearbeite" ihn nicht. Gib ihm keine „Massage", wie es ein Freund von mir auszudrücken pflegt. Sage einfach: „Du magst dich gehemmt oder schüchtern fühlen. Dann laß es für diesmal bewenden." Ermutige ihn, nach Hause zu gehen und dort anzufangen, im Geist zu reden. Manche Personen beginnen zu reden, wenn sie mit etwas anderem beschäftigt sind — z. B. beim Duschen, Staubsaugen, Autofahren. Erinnere denjenigen noch einmal daran, daß er bereits den Heiligen Geist in sich hat. Er hat einfach nur Schwierigkeiten, dem Geist zu erlauben, ihn in seiner Sprache zu führen.

Manchmal findest du auch jemand, der seinen Mund überhaupt nicht öffnet, weil er darauf besteht, daß Gott das Reden tun muß. Eine solche Person wird dir z. B. sagen: „Ich möchte das nicht im Fleisch tun, sondern es soll vom Herrn kommen!" Sage ihr: „Wenn du etwas im Fleisch tust, bedeutet das, daß du Gott NICHT vertraust, sondern es selbst versuchst. Aber wenn du im Glauben vorwärts gehst und Gott vertraust, daß Er dich führt, wenn du in Zungen redest, ist es gerade das Gegenteil von fleischlichem Tun. Das Fleisch will nicht im Glauben handeln. Es möchte Dinge, die ihm bewiesen sind. Darauf zu warten, daß Gott dich sprechen MACHT, ist in Wirklichkeit ein Handeln im Fleisch.

Manche mögen Schwierigkeiten haben, weil sie nicht verstehen, was die Schrift sagt. Wenn es offensichtlich ist, daß du bei ihnen an einem toten Punkt angekommen bist, dann empfiehl ihnen, nach Hause zu gehen und das Buch „Der Heilige Geist und Du" zu lesen, besonders die Kapitel, die der Vorbereitung und dem Empfang der Taufe im Heiligen Geist gewidmet sind.

Manchmal haben bestimmte Personen auch Schwierigkeiten mit dem Sprechen, weil sie durch eine Zeit äußerster Anspannung gegangen sind und sich davor fürchten, sich einfach „loszulassen". Eine gerade überstandene ernste Krankheit, die Erkrankung oder der Tod eines Nahestehenden, Scheidung, Entlassung oder eine andere belastende oder bedrückende Situation mag sie dazu gezwungen haben, große Selbstbeherrschung über einen längeren Zeitraum zeigen zu müssen, und so kann es jetzt für sie schwierig sein, völlig gelöst zu sein, loszulassen und anzufangen zu reden. Sie fürchten sich oft davor, daß alle bisher zurückgehaltenen Gefühle zum Ausdruck kommen. Und es ist auch sehr wahrscheinlich, daß, wenn der Geist ihre Gefühle berührt, es so geschehen wird! Die Person mag zu weinen anfangen; dann laß sie weinen. Wenn jemand dabei zu laut wird, kannst du ihm sagen: „Beruhige dich und entspanne dich. Laß den Tränen ihren Lauf, das ist in Ordnung. Der Heilige Geist ist der größte Therapeut, da brauchst du keine Angst davor zu haben, dich loszulassen. Und wenn du einen Eimer voll geweint hast, dann war es das, was du nötig hattest."

Wenn eine Person zu einer Kirche gehört oder gehört hat, die stark gegen die Taufe im Heiligen Geist eingestellt ist und nicht an sie glaubt, und derjenige dementsprechend belehrt wurde, mag es sein, daß er, obwohl er alles selbst akzeptiert, immer noch Schwierigkeiten aufgrund unbewußter Ängste hat. Es mag nötig sein, ihn zur Seite zu nehmen und mit ihm darüber zu reden und vielleicht gegen den Geist der Furcht und des Unglaubens zu beten. Hilfreiche Gedanken dazu findest du im 9. Kapitel dieses Buches „Fragen und Probleme".

Du magst auch jemand dabei haben, der sehr laut und überschwenglich ist. Wenn er offensichtlich andere Leute stört und beunruhigt, dann geh einfach zu ihm hin, lege deine Hand auf seinen Kopf oder seine Schulter und sage: „Nur ruhig. Entspanne dich."

Jemand mag anfangen zu lachen. Auch das ist in Ordnung und bringt normalerweise keine Probleme mit sich. Tatsächlich ist ein vom Heiligen Geist inspiriertes Lachen sehr ansteckend und kann dazu helfen, daß sich alle entpannen und sich des Herrn erfreuen. Wenn jedoch die Person zu laut oder albern wird, so bitte sie, ruhiger zu werden. Die Leute sind ja nicht außerhalb jeder Selbstbeherrschung, obwohl es gelegentlich so aussehen und sich anhören mag.

Egal, wie weit die Leute durch die Realität des Heiligen Geistes ihre Umwelt vergessen zu haben scheinen, sie sind tatsächlich im Vollbesitz ihrer Sinne und können sich beherrschen, obwohl es ihnen manchmal nicht so scheint. Angenommen, etwas sehr Lustiges kommt vor, dann kannst du laut herauslachen oder du kannst dich beherrschen, wenn es sein muß. Wenn du an einer Beerdigung wärst, würdest du nicht lachen, egal wie komisch es dir vorkommen mag. Wenn z. B. einem Schüler im Klassenzimmer etwas ulkig vorkommt, wird er vielleicht lauthals lachen, aber wenn der Lehrer sagt: "Bitte beherrsche dich, du störst den Unterricht", dann wird er dem nachkommen.

Außerdem ist nichts Abnormales dabei, wenn Leute über Gott aus der Fassung geraten und begeistert sind. Bei einem Fußballspiel würden wir es seltsam finden, wenn jemand in äußerster Ruhe und steinerner Miene dasitzt (es sei denn, seine Mannschaft ist dabei, katastrophal unterzugehen). Und über Gott sollte man doch viel mehr in Freude und Begeisterung geraten als über ein Ballspiel

Wenn du fühlst, daß jemand wirklich aus dem Rahmen fällt, dann sprich mit ihm. Und wenn er zu aufgewühlt ist, dann nimm ihn etwas zur Seite (oder eine andere von dir unterwiesene Person übernimmt es) und suche herauszufinden, was der Grund ist und bete dann darüber. Wenn bereits über falsche Religionen und das Okkulte gesprochen wurde, braucht die Person vielleicht innere Heilung, und man sollte ihr nahelegen, diese zuerst zu suchen (bezüglich weiteren Materials siehe das Kapitel „Fragen und Probleme").

8. Kapitel

Gebet um die Taufe im Heiligen Geist

Wenn du den Eindruck hast, daß die Leute bereit sind, dann bete ungefähr in folgendem Sinne:

> „Vater, ich bitte Dich um den Schutz des Blutes Jesu über uns. Und ich bitte Dich auch, Deine Engel zu senden, daß sie sich um uns lagern und jeden Geist der Furcht, des Zweifels und der Verwirrung fernhalten."

Und dann wende dich an die Gruppe: „Bitte macht nun dieses Gebet zu eurem Gebet:

> ‚Lieber Herr Jesus, ich nehme Dich als meinen Täufer im Heiligen Geist an. Bitte, taufe mich. Dank sei Dir, Jesus, Du hast es getan. Ich nehme diese neue Sprache entgegen, die Du mir gegeben hast.‘

Nun sprich einfach wie ein kleines Kind, das zu sprechen anfängt, die ersten Laute aus, die auf deine Lippen kommen. Du brauchst nicht auf dich selbst zu hören, wie es klingt, sondern beginne einfach Laute zu formen. Richte deinen Sinn und dein Herz auf den Herrn. Sprich zu Ihm gerade wie ein Kind. Und nachdem du begonnen hast, fahre damit fort. Versuche nicht, in Deutsch oder einer anderen dir bekannten Sprache zu reden, denn du kannst nicht in zwei Sprachen gleichzeitig reden. Laß dich nicht durch Zweifel abbringen und mache dir keine Gedanken darüber, wie du dich fühlst und wie sich das anhört, was du sprichst. Fahre einfach fort, zu Gott in den neuen Worten zu reden, die Er dir gibt. Du sprichst zu deinem Vater im Himmel. Sage Ihm die Dinge, die du Ihm sagen sollst."

(Zu diesem Zeitpunkt bitte deine Helfer, zu kommen und sich um die Leute zu kümmern, ihnen zu helfen und sie zu ermutigen, im Geist zu beten.)

Wenn du dich gedrungen fühlst zu singen, dann scheue dich nicht, damit zu beginnen. Der Apostel nennt das Singen im Geist. Manche Leute finden es zuerst leichter, in der neuen Sprache zu singen als zu reden. Manchmal kannst du im Singen zu einer Freiheit gelangen, die dir im Sprechen nicht möglich ist. Laß den Heiligen Geist deine Worte führen, aber laß Ihn dir auch eine Melodie geben. Sie mag mit ein paar einfachen Tönen beginnen. Nachdem du eine Weile gesungen hast, kannst du wieder im Geist beten.

(Wenn die Zeit kommt, die Versammlung zu schließen, laß alle aufstehen und zusammen in Zungen sprechen. Es ist auch gut, wenn sie alle zusammen im Geist singen. Und dann laß das Singen ausklingen und das Sprechen wieder beginnen. Der Wechsel von Singen und Sprechen hilft manchen Personen wirklich, mehr Freiheit zu bekommen. Wenn keine Eile nötig ist, das Gebäude zu verlassen, ermutige die Leute zu bleiben und weiterzubeten, so lange sie möchten.

Empfehle ihnen, immer wieder in Zungen zu reden: auf dem Weg nach Hause, wenn sie ins Bett gehen, wenn sie morgens aufgewacht sind, beim Autofahren oder bei der Hausarbeit. Rate ihnen, auch in den Arbeitspausen im Geist zu beten. Wenn es ihnen nicht möglich ist, vom Arbeitsplatz wegzugehen, können sie still im Geist beten, während sie ihrer Arbeit nachgehen, z. B. während sie ihre Ordner durchgehen. Erinnere sie daran, auch für andere in Zungen zu beten und wenn immer sie besondere Nöte haben.

Vergiß auch nicht, die Leute zu ermutigen zu beten, daß die Erneuerung im Geist weiter anhält und sich fortsetzt.

9. Kapitel

Fragen und Probleme

(Ein Kapitel, das an dich, den Leiter, gerichtet ist.)

Je mehr die Leute die Fragen, die sie bewegen, beantwortet bekommen, desto leichter wird ihnen der Empfang. Laß sie deshalb wissen, daß dir daran gelegen ist, ihre Fragen zu beantworten. Allerdings soll die Fragezeit nicht ausufern, und achte deshalb darauf, daß nicht vom Thema der Taufe im Heiligen Geist abgewichen wird. Hier wollen wir nun einige der Fragen behandeln, denen du wahrscheinlich begegnen wirst:

Muß ich unbedingt in Zungen reden?

Einige werden dir sagen: ,,Du brauchst nicht in Zungen zu reden, wenn du im Geist getauft bist. Das ist schließlich nur eine der Gaben. Der eine bekommt diese, der andere jene Gabe. Du magst die Gabe der Zungen erhalten, es kann aber genauso sein, daß du die Gabe der Prophetie, der Heilung oder irgend etwas anderes erhältst.''

Wer diese Erklärung abgibt, hat den Unterschied zwischen der Gabe der Zungen und der Gebetssprache nicht erfaßt. Wir haben dies im 3. Kapitel behandelt. Wenn wirklich jemand an diesem Punkt stecken bleibt, kannst du ihm empfehlen, das 3. Kapitel dieses Buches und auch das Buch ,,Der Heilige Geist und Du'' zu lesen.

Einer mag sagen: „Ich betete bereits um die Taufe im Geist, und ich weiß, daß ich sie erhalten habe. Ich sprach zwar nicht in Zungen, aber ich empfand ein überwältigendes Gefühl." Wie ist eine solche Aussage zu beurteilen? Hat derjenige die Taufe mit dem Heiligen Geist erlebt?

Wenn diese Person Jesus angenommen hat, lebt der Heilige Geist in ihr. Und als sie betete, wurde der Geist in ihr bewegt, und sie wurde sich Seiner stark bewußt. Preis dem Herrn! Wenn derjenige nun an diesem Punkt stehen bleibt, wie es viele tun, und sagt: „Ich muß im Heiligen Geist getauft worden sein, denn ich fühlte Seine Gegenwart" oder „Ich habe ein ganz neues Interesse an der Bibel gewonnen" oder „Ich habe nun so ein Verlangen, anderen von Jesus zu erzählen" usw., aber nicht zum Reden in Zungen gelangt, befindet er sich immer noch nicht auf der Ebene der Freiheit, die Gott für ihn wünscht. Er wird möglicherweise den Grad der Freiheit, den er empfing, nicht beibehalten können. Er hat noch nicht ganz den Geist freigesetzt. Um das zu tun, muß er auch willig sein, dem Herrn zu erlauben, seine Stimme zu führen.

Des weiteren versuchen manche Leute, andere Erfahrungen an die Stelle des Zungenredens zu setzen. Das ist in sich Beweis, daß es wichtig ist, unsere Stimme freizugeben und Ihm zu überlassen. Aber wir wollen das nicht zulassen, denn unsere Stimme ist *das Mittel,* mit dem wir uns ausdrücken können und ist deswegen sozusagen der letzte Außenposten und Stützpunkt unserer Unabhängigkeit und Eigenständigkeit. Es jemand anders — sogar Gott - zu erlauben, unsere Stimme zu übernehmen, bedeutet ein ganzes Loslassen und eine tiefe Unterwerfung. Deshalb widerstehen wir dem und wollen statt dessen etwas anderes.

Stell dir vor, Petrus hätte am Pfingsttag gesagt: „Ich brauche nicht in Zungen zu reden, schließlich bin ich schon auf dem Wasser gegangen!" Etliche Leute haben Visionen gehabt und manche Heilungserfahrungen. Ein anderer spürte die Berührung des Heiligen Geistes und wurde zu ausgiebigen Tränen bewegt. Das sind gewiß Manifestationen des Geistes, genauso wie das sogenannte „heilige Lachen". Aber noch einmal: Jeder Christ lebt in der Innewohnung des Heiligen Geistes, und Zeichen dieser Innewohnung können Tränen, Lachen, Heilungen, Wunder sein. Trotzdem sollte diese Person aber das Zungenreden und den damit verbundenen Segen suchen. Die Zungenrede hat eine besondere Funktion. Man sollte sie deshalb nicht durch etwas anderes ersetzen, wie schön das andere auch sein mag.

Irrlehren und Okkultismus

Wahrscheinlich stellt man dir weitere Fragen im Zusammenhang mit der Absage an Irrlehren und Okkultismus. Jemand mag dich an ein Beispiel erinnern, das du nicht erwähnt hast oder angriffslustig etwas aufgreifen, was du gesagt hast. Man hält dir vielleicht entgegen: „Ich kann nichts Falsches an der Christlichen Wissenschaft sehen. Meine Großmutter ist dabei und eine fromme, innige Christin." Oder ein anderer hält dir vor: „Mein Geschäftsfreund ist ein Mormone. Er führt ein moralisch einwandfreies Leben. Warum machen Sie seine Religion so schlecht?"

Wenn so etwas geschieht, hilft es nicht, darüber zu argumentieren und Dispute zu führen. Wenn du merkst, daß diese Person selbst nicht in diese Dinge verwickelt ist, sondern nur einfach nicht versteht, warum du so „intolerant" zu einer bestimmten Religion bist, kannst du sagen: „Ich habe jetzt nicht Zeit, dir alles in Einzelheiten zu erklären, aber wenn du mich nach der Versammlung ansprichst, will ich dir einige Bücher darüber zum Lesen empfehlen, so daß du deiner Großmutter (oder deinem Geschäftsfreund) auch zu einem besseren Verständnis verhelfen kannst."

Wenn du aber andererseits siehst, daß die Person selbst in eine solche Irrlehre verwickelt ist und nicht einsieht, daß dies falsch ist, solltest du ihr folgendes nahelegen: „Ich verstehe deine Gefühle, und vergib mir bitte, wenn ich sie verletzt habe. Aber ich bitte dich um deiner selbst willen, nicht um die Taufe mit dem Heiligen Geist zu beten, bis du verstanden hast, was ich sagte. Wenn du bis nach der Versammlung bleibst, will ich dir gern ein paar Bücher empfehlen, die dir eine Hilfe sein können." (Wir haben eine Liste am Schluß dieses Buches. Du darfst sie kopieren und verteilen.)

Warum ist das alles so kompliziert?

Jemand mag sich wie folgt äußern: „Warum muß es so kompliziert sein? In der Bibel lesen wir doch, daß sie einfach den Heiligen Geist empfingen und in Zungen redeten. Es bedurfte damals keiner langen Erklärungen, was sie tun müßten. Man mußte ihnen nicht alles erst beibringen!"

Darauf kann man am besten ungefähr so antworten: Die Leute, über die wir im Neuen Testament lesen, reagierten leicht und natürlich auf die Eingebung des Heiligen Geistes, denn sie wurden nie gelehrt, daß es falsch sei, Gefühle zu äußern. Den meisten von uns wurde aber schon von Kindheit an beigebracht, sich zu beherrschen, sich zusammenzunehmen usw. Damit ist ein Stück innerer Freiheit und Offenheit verlorengegangen.

Nicht nur wird uns von klein auf gesagt, unsere Gefühle zu unterdrücken und nicht zu zeigen, sondern wir sind auch in einer Kultur groß geworden, die alles auf den Intellekt bezieht und immer wissen möchte „warum". Um diese Barrieren abzubauen, haben wir uns mit Fragen und Erklärungen auseinanderzusetzen und müssen die Leute ermutigen, ganz ungezwungen ihren Mund zu öffnen und zu sprechen anzufangen.

In Apostelgeschichte 10 lesen wir, wie Kornelius, der römische Hauptmann, zusammen mit seinen Freunden schon spontan in Zungen zu reden begann, als Petrus noch redete. Auf der anderen Seite sehen wir aber in Apostelgeschichte 8, daß die Samariter nicht bei der Predigt, sondern erst dann, als Petrus und Johannes ihnen die Hände aufgelegt hatten, den Geist empfingen. Auch in Ephesus geschah der Geistempfang unter Handauflegung (Apostelgeschichte 19,1-7). Es bestanden also auch schon damals Unterschiede.

Ein anderer Einwand lautet: „Jesus sprach nicht in Zungen, deshalb frage ich mich, warum ich es tun sollte." Dazu ist zu sagen: Jesus brauchte nicht in Zungen zu reden und wird es auch nicht zu tun brauchen, wenn Er wiederkommt, denn: *„Wenn aber kommen wird das Vollkommene, so wird das Stückwerk aufhören"* (1. Korinther 13,10). Das Zungenreden ist, wie es in 1. Korinther 13,12 ausgedrückt wird, für diese Zeit, wo wir wie in einem Spiegel ein dunkles Bild sehen. Die Metallspiegel der Alten zeigten dunkle Bilder. Das griechische Wort, das mit „dunkles Bild" übersetzt wird, ist ENIGMA und bedeutet Rätsel. Deshalb finden wir den Text in der Einheitsübersetzung so formuliert: „Jetzt schauen wir wie in einen Spiegel und sehen rätselhafte Umrisse." Das Zungenreden ist nun die wunderbare Fähigkeit, die Gott uns gibt, dieses Dunkel schon jetzt etwas zu durchdringen und direkt mit Ihm in Kontakt zu kommen. Jesus bedurfte dieses Mittels nicht. Er befand sich immer in vollkommener Gemeinschaft mit dem Vater. Aber Jesus sagte voraus, daß die Gläubigen in Zungen reden würden (Markus 16,17). Manche werden dir zwar dazu erklären, daß dies das „verlorene Ende" des Markusevangeliums sei. Aber trotzdem gilt: Es ist uns von der Anfangszeit überliefert und stellt den Glauben der ersten Christen dar.

Hypnose

Oft fragen die Leute, ob Hypnose auch zum Okkulten gehöre. Das Lexikon definiert Hypnose als einen schlafähnlichen Zustand, in den ein Mensch einen anderen versetzen kann — durch besondere suggestive Beeinflussung (starres Sehen, Flüstern, Bestreichen usw.). In Hypnose ist das Bewußtsein und der Wille des hypnotisierten Menschen weitgehend ausgeschaltet, so daß der Hypnotiseur seinen Willen auf ihn übertragen kann. Das ist auch das, was die Leute gewöhnlich darunter verstehen, wenn sie von Hypnose sprechen.

Manche gebrauchen jedoch den Ausdruck „Hypnose" auch für leichtere Arten der Beeinflussung, wobei alles, womit man auf andere Einfluß nimmt, als schwache Form der Hypnose eingestuft wird, z. B. die Aufforderung zum Kauf in der Fernsehwerbung oder jemanden drängen, den Kopf nicht hängen zu lassen, wenn er sich in gedrückter Stimmung befindet. Offensichtlich ist aber so etwas keine okkulte Tätigkeit.

Obwohl hier also Abstufungen vorkommen und nicht alles, was manche als Hypnose ansehen, okkult ist, glaube ich nicht, daß es ein gutes Vorgehen ist, wenn der Arzt oder Zahnarzt von der Hypnose Gebrauch macht, weil z. B. der Patient kein normales Narkosemittel verträgt — auch wenn der Arzt nicht die Absicht hat, okkulte Kräfte einzusetzen. Klar ist die Sache auf jeden Fall, wenn Hypnose z. B. dafür gebraucht wird, eine Person in eine vermeintliche vorherige Lebenszeit zurückzuversetzen.

Wenn nun ein Hypnotiseur versucht, vermeintliche frühere Daseinserlebnisse aufzudecken, mag es sehr wahrscheinlich sein, daß der Hypnotisierte scheinbare Erinnerungen an ein früheres Leben bekommt und sogar meint, sich an Zeit und Ort des Geschehens zu erinnern. Wie kann so etwas geschehen? Sehr einfach: Die Person ist in einem Trancezustand, in dem sie offen für Eingebungen des Hypnotiseurs ist und ebenso offen für Eingebungen von Geistern der psychischen Welt, die nur zu bereitwillig die „Informationen" beschaffen, die gewünscht werden. Es sind dieselben Geister, die die Leute, die an spiritistischen Sitzungen teilnehmen, betrügen. Sie pflanzen die scheinbaren Erinnerungen an ein früheres Leben in die Gedankenwelt der hypnotisierten Person ein.

Da liegen die Gefahren der Hypnose. Auch wenn die Person, die die Hypnose durchführt, niemandem schaden möchte und keine okkulten Absichten hat, gilt doch: Wo immer der menschliche Sinn passiv gemacht wird, ist der Feind bereit, diesen Vorteil für sich auszunutzen.

Das mag ganz verschieden ausgehen. Ein Mensch mag durch die Hypnose einer totalen Veränderung seiner Persönlichkeit unterworfen sein. Ich kenne Leute, die dadurch depressiv geworden sind. Und ich weiß von einer bekannten christlichen Persönlichkeit, die sich in seltsame Lehren verrannte, nachdem sie mit Hypnose zu tun hatte. Und ich kenne Personen, denen es unmöglich war, in Zungen zu reden, bis sie sich von den Wirkungen der Hypnose distanzierten und sich von ihr lossagten.

Ich empfehle den Leuten nachdrücklich, daß sie niemals die Erlaubnis geben, sich hypnotisieren zu lassen und auch nicht den Versuch unternehmen, andere zu hypnotisieren. Obwohl ich Verständis für ihre Nöte habe, muß ich trotzdem z. B. auch jenen von Hypnose abraten, die normale Narkosemittel nicht vertragen, da auch „harmlose" Hypnose die Tür zu Problemen öffnen kann. Noch einmal: Das bedeutet nicht, daß ich einem Arzt unterstelle, absichtlich etwa Böses zu wollen, aber der Feind packt solche Möglichkeiten beim Schopfe, nützt den Passivzustand des Hypnotisierten aus und nimmt dann seine Einflüsterungen vor.

Ich möchte dir deshalb sagen: Wenn du hypnotisiert wurdest — sogar aus harmloser Absicht —, bestand die Möglichkeit, daß sich etwas Zugang in deinen Sinn verschaffen konnte. Und wenn nun solches geschehen ist, dann mußt du von dieser Belastung frei werden. Wende dich deshalb an den Herrn: „Herr, es tut mir leid, daß ich es erlaubt habe, daß mich jemand hypnotisierte. Bitte vergib mir. Ich nehme jetzt Deine Vergebung an. Wenn irgend etwas in meine Seele hineinkam, während ich hypnotisiert wurde, dann sage ich mich hiermit davon los." Und dann befiehl: „Alle Geister, die ihr damit verbunden seid, ich binde euch und vertreibe euch in Jesu Namen und unter Seinem kostbaren Blut!"

Wenn einem Fragesteller die erwähnten Erklärungen nicht einleuchten und er nicht bereit ist, sich von jedem falschen Einfluß, der während der Zeit der Hypnose auf ihn gekommen sein mag, loszusagen, empfehle ich, daß er solange nicht um die

Taufe mit dem Heiligen Geist bittet, bis er die Gefahren der Hypnose einsieht und bereit ist, im Gebet dagegen vorzugehen.

Bruderschaftliche Vereinigungen wie Freimaurer usw.

Man mag dir vielleicht auch darüber Fragen stellen. Es gibt keinen Zweifel, daß zumindest eine der führenden Logen in hohem Maße in das Okkulte verwickelt ist und daß die grundlegende Theologie nicht trinitär ist. Auf der anderen Seite bedeuten die Logen für viele Leute einfach Zusammensein und Geselligkeit, und sie haben kein Verständnis dafür, daß dies geistlich gesehen gefährlich sein soll. So wie ich es sehe, ist es am besten, auf die Gefahr hinzuweisen, es aber dem einzelnen zu überlassen, der Sache selbst auf den Grund zu gehen. Teile ihnen mit, daß sie, wenn sie zu solch einer Organisation gehören oder gehört haben, das Absage-Gebet mitbeten und sich von aller Lehre dieser Organisation, die im Gegensatz zur Schrift steht, lossagen sollten.

Dasselbe gilt auch für andere Organisationen, bei denen Eide, Gelübde oder Gelöbnisse gemacht wurden oder bei denen man durch bestimmte Zeremonien gegangen ist. Die meisten Bruder- und Schwesternschaften orientieren sich an den alten griechischen Göttern. Bezog je ein Eid, den du geleistet hast, den Anruf griechischer Götter oder Göttinnen mit ein? Falls ja, solltest du dich davon lossagen.

Manche Ärzte mögen eine andere Stellung zum hippokratischen Eid einnehmen als ich. Er wird immer noch an vielen Stellen bei Abschluß der Ausbildung geleistet, und er geschieht im Namen Apollos und anderer griechischer Götter und Göttinnen. Der Teil des Eids, der die medizinische Praxis betrifft, bedarf sicherlich keiner Absage, vielmehr sollten sogar bestimmte Aspekte davon gerade heute wieder geltend gemacht werden, aber der christliche Arzt, der diesen Eid geschworen hat, sollte sich von der heidnischen Ausrichtung lossagen und die Prinzipien im Namen des wahren Gottes bestätigen.

Bitte tue diesen Eid nicht als Torheit oder Albernheit ab, indem du sagst: „Aber das ist doch nur Brauchtum und wird doch gar nicht ernst genommen!" Agnes Sanford erzählt, wie sie als Kind in China in einen buddhistischen Tempel ging. Sie hatte sich eigentlich nur umsehen wollen, was da alles geschah. Sie machte dann nach, was die Mönche machten. Sie verbeugte sich vor einem Götzen und sprach die Worte nach, die sie die Mönche sagen hörte. Agnes Sanford schreibt dann: „Nichts geschah! Oder doch? Langsam wurde eine Stimme in mir immer lauter, die mich verhöhnte, verachtete und verspottete . . ." Und sie erzählt, wie viele Jahre später ein Freund diesen Geist erkannte und ihm im Namen Jesu befahl, sie in Ruhe zu lassen. Er hatte Einfluß auf sie gewonnen, als sie damals diese Kindertorheit begangen hatte.

Graphologie

Alle Menschen sind ihrem Wesen nach verschieden. Das drückt sich in der Gestik und in den Handbewegungen aus und schlägt sich auch in der Handschrift nieder. Somit ist die Handschrift gewissermaßen Ausdruck und Spiegel unserer Persönlichkeit. Sorgfältiges Vergleichen und Erfahrung lassen eine gewisse Beurteilung der Persönlichkeit zu. Zum Beispiel, ob jemand sorgfältig oder flüchtig, selbständig oder unselbständig ist. Davon machen viele Firmen Gebrauch. Ist die Graphologie unfehlbar? Nein. Sie hat ihre eindeutigen Grenzen, und das erklärt auch so manches Fehlurteil. Wenn Graphologie in dieser Weise benutzt wird, geschieht das ohne okkulten Hintergrund.

Wird sie jedoch dazu benutzt, um, wie beim Handlinienlesen, die Zukunft eines Menschen aus der Handschrift herauszulesen, muß sie dem Okkultismus zugeordnet werden. Da diese Frage ziemlich häufig gestellt wird, gehe ich davon aus, daß Handschriften-Beurteilung sehr oft in dieser falschen Richtung gebraucht wird, d. h. als Zukunftsdeutung.

Ich meine damit nicht, daß Leute etwas außer sich geraten und aufgeregt sind, wenn sie gesegnet werden und daß es dabei vielleicht etwas zu laut zugeht und andere stört. Darauf habe ich schon im letzten Kapitel bezug genommen. Womit ich mich hier befassen will, sind unheimliche, übersinnliche Aktionen, die klar *nicht* vom Heiligen Geist ausgehen.

Wenn du die Leute sorgfältig vorbereitet hast, dich vergewissert hast, daß sie Jesus angenommen haben und sich, wenn sie in Irrlehren und Okkultismus verwickelt waren, davon lossagten, ist es wenig wahrscheinlich, daß du solchen Manifestationen begegnest. Wenn sich dennoch jemand in erschreckender und unheimlicher Weise benimmt, dann tritt dem im Namen und der Autorität Jesu fest entgegen. Erbitte Gottes Schutz über dich selbst und alle Anwesenden, und dann bitte diese Person, wenn sie zugänglich und willig ist, die Dinge beim Namen zu nennen, die sie beunruhigen und plagen - z. B. Angst, Zorn usw. Danach führe sie ins Gebet: „Geist der Angst (oder was es ist), in Jesu Namen binde ich dich und fordere ich dich auf, diesen Menschen in Ruhe zu lassen und nie mehr zurückzukehren. Um des kostbaren Blutes Jesu willen!"

Es ist wichtig, daß die Person selbst auch in dieser Weise betet, so daß Einigkeit im Gebet gegeben ist. Manchmal kann man schon rein äußerlich sehen, daß etwas geschehen ist. Die Leute husten, nießen, gähnen oder schreien manchmal — und erbrechen sogar —, wenn sie Befreiung erfahren. Es muß jedoch nicht immer so sein, und in den meisten Fällen ist es auch nach unserer Erfahrung nicht so — was aber nicht zu bedeuten hat, daß nichts geschehen ist.

Vor vielen Jahren hatte ich in einer Episkopal-Kirche in Virginia auch eine Gruppe von Menschen auf die Taufe mit dem Heiligen Geist vorbereitet. Etwa 40 Personen knieten am Altar. In jenen Tagen beteten wir für jeden einzeln unter Handauflegung. Heute machen wir es so, wie schon in diesem Buch berichtet, d. h. daß wir zuerst mit der Gruppe beten und dann jeweils den einzelnen persönlich ermutigen.

Als ich um den Altar herumging, kam ich zu einem Mann, der, als wir beteten, seinen Kopf immer wieder gegen das Messinggeländer am Altar stieß. Es bedurfte keiner großen Kunst zu erkennen, daß dieser Mensch sich nicht normal verhielt. Ich gab zwei Freunden, die als Mitarbeiter tätig waren, einen Wink, und sie führten den Mann in einen anderen Raum, um dort mit ihm zu beten. Sie fanden heraus, daß er im Swedenborgianismus (einer spiritistischen Religion) engagiert war. Wie er mir nachher berichtete, machte ihm dieser swedenborgianische Geist, obwohl er zuvor gebetet hatte, daß alle falschen Dinge aus seinem Leben hinausgetrieben würden, immer noch Schwierigkeiten. Beim Gebet um die Freisetzung des Heiligen Geistes fühlte er einen Kampf zwischen dem Heiligen Geist und jenem anderen Geist. Das war der Grund, warum er sich so seltsam benommen hatte. Erst nachdem gegen diesen falschen Geist vorgegangen war, empfing dieser Mann in freudiger Weise die Taufe mit dem Heiligen Geist, und alles war bestens.

In England war ich dabei, mit einer Gruppe zu beten, als ein junger Pfarrer auf den Boden fiel und anfing, gellend zu schreien, sich zu winden und zu krümmen. Auch hier bat ich zwei Mitarbeiter, ihn in den nächsten Raum zu führen. Dort trieben sie zwei Geister aus ihm aus und beteten dann für ihn, daß er im Heiligen Geist getauft würde. Als er kam, sah dieser junge ordinierte Priester fahl und krank aus. Als er aber nach Hause ging, hatte sich sein Aussehen äußert positiv verändert: Er lachte und war glücklich (aus „Spiritual Warfare" von Michael Harper).

Wenn die unglückliche Person nicht fähig zu sein scheint mitzubeten, dann erbitte zuerst den Schutz des Blutes Jesu über dich und die anderen und sprich dann direkt zu dem störenden Geist: „In Jesu Namen, du belästigender und störender Geist (oder was für eine Bezeichnung du geführt wirst zu gebrauchen, je nachdem sich die Person verhält), ich binde dich in Jesu Namen und vertreibe dich, auf daß du nie wieder zurückkommst und nie wieder einen Menschen quälst. Unter dem kostbaren Blut Jesu. Amen!"

Wenn irgendein falscher Geist sich bemerkbar macht, dann

fürchte dich nicht, denn du hast Vollmacht über ihn. Trenne aber die Person von den anderen und rufe jemanden, der sich ihrer annimmt, damit du fortfahren kannst, mit den anderen zu beten und ihnen zu helfen.

Das Zungenreden: Kommt es aus dem Unterbewußtsein?

Diese Frage wird zwar nicht allzu häufig gestellt, aber du solltest trotzdem die rechte Antwort geben können: Das Zungenreden stammt nicht aus dem Unterbewußtsein. Es kommt direkt und unmittelbar vom Heiligen Geist, der im menschlichen Geist jedes gläubigen Christen lebt, und es ist dieser innewohnende Geist, der die Sprache zur Verfügung stellt.

Zum Beispiel sprach ein Freund von mir in einer Gebetsversammlung fließend Mandarin. Mein Freund kannte aber diese Sprache überhaupt nicht. Eine chinesische Frau, die anwesend war (ihr Mann war Arzt, der für eine Austauschzeit in der Universität Washington war), fragte: „Wie kann dieser Mann so flüssig Mandarin sprechen? Wo hat er es gelernt?"

„Was hat er denn gesagt?" fragten wir.

„O, er hat Gott gepriesen und verherrlicht", sagte sie.

Ein Skeptiker äußerte sich anschließend wie folgt: „Möglicherweise wurde er als Kind in ein chinesisches Restaurant mitgenommen und hat dort in sein Unterbewußtsein verschiedene Worte aufgenommen, und nun gelangten sie wieder an die Oberfläche."

Auf diese Erklärung gab meine Tochter Margaret die einleuchtende und schlagfertige Antwort: „Dann würde er wohl die Speisekarte aufsagen!"

Manche behaupten, daß das Unterbewußtsein sich im Geist befindet, und daß wir durch das Unterbewußte mit Gott in Berührung kommen. Das ist falsch. Das Unterbewußtsein ist *nicht* der Geist, sondern der große Verwahrungsort von Erinnerungen und Gefühlen der Vergangenheit. Gott kommt nicht auf dem Weg über das Unterbewußtsein in den Geist. Der Geist kann jedoch die Tiefen des Unbewußten ergründen und dort Wunden und Verletzungen heilen, die unser Leben im gegenwärtigen Bewußtseinszustand plagen. Durch Sprechen in Zungen kann uns der Geist die Worte geben, Dinge aus dem Unterbewußtsein auszudrücken, sie zu bekennen und Gott zu bringen, damit Er sich damit befaßt und die Behandlung vornimmt.

Ich fühle, daß es nur ich selbst bin, der spricht

Jemand mag sagen: ,,Ich fühle, daß das, was ich sage, erzwungen ist — ich selbst bin es nur, der spricht!" Das ist der Punkt, wo viele Leute stecken bleiben, denn der Feind ist nur zu gern bereit, ihnen zu erzählen: ,,Das ist es nicht!" oder ,,Das bist doch nur du selbst!" Diese Menschen sollen ermutigt werden, nicht dem Feind zu glauben und das Sprechen in Zungen nicht aufzugeben. Erkläre ihnen: ,,Denkt daran, wie Zungenreden wirklich geschieht. Es ist nicht so, daß der Heilige Geist die Macht übernimmt, und du dann gezwungen bist, in einer anderen Sprache zu reden. Es geschieht also nicht in der Weise, daß der Geist sich über dich hinwegsetzt, dir Gewalt antut und dich zum Sprechen bringt. Nein, es bist du, der sich entschließt, zu sprechen, und du bist es, der dem Herrn, der in dir ist, vertraut, dich dabei zu führen und dir die Worte zu geben.

Du bist derjenige, der sich die Mühe macht zu sprechen, und es mag dir sogar zuerst schwierig vorkommen. Aber nur, wenn du anfängst zu sprechen und den Herrn führen läßt, kann Er beginnen, dir das zu geben, was Er dir zukommen lassen möchte. Die allererste Silbe, die du von dir gibst, während du dem Herrn vertraust, ist die erste Silbe deiner neuen Sprache. Und dann fahre fort mit dem Sprechen, während du Herz und Sinn auf den Herrn ausgerichtet hast.

Bei manchen Leuten, wenn sie am Anfang in Zungen reden, klingt es wie das Ausrufen bei einer Versteigerung. Sie haben etwa den gleichen Tonfall. Aber das ist in Ordnung. Sage ihnen ruhig, sie sollen so weitermachen, nur etwas langsamer. Ein

Freund von mir hatte sich vorgenommen zu sprechen, aber er war so nervös und verkrampft, daß alles, was er herausbrachte, eine Art Stöhnen war. Dennoch machte er weiter. Seine Frau lachte: „Er machte einen solchen Krach. Ich lief im Haus herum und schloß alle Fenster und Türen!" Aber nach zwei Stunden erlebte er den Durchbruch und begann, in Zungen zu reden.

Gott macht es nicht schwierig. Es liegt nur daran, daß eines der schwierigsten Dinge bei uns Menschen ist, uns wirklich von unseren Hemmungen zu lösen.

Psychologische Zungen?

Lange Zeit behaupteten Gegner des Zungenredens, daß es vom Teufel stammt, und du findest immer noch solche, die das tun. Es ist schwer, die Leute, die diese Feststellungen treffen, zur Einsicht und zum Schweigen zu bringen. Obwohl man diese Behauptungen heute weniger hört, erleben wir doch verschiedene Arten der Abweisung und Geringschätzung der Zungen. Einige sagen: „Es ist ja in Ordnung, denn es ist nichts Schlechtes oder Krankhaftes, und die Leute, die in Zungen sprechen, sind ganz normal. Trotzdem kommt es vom natürlichen Menschen und nicht aus dem Geist. Es ist rein psychologisch bedingt!" Einige behaupten, daß die Zungen am Pfingsttag vom Geist, die korinthischen Zungen (1. Korinther 12-14) jedoch nur psychologisch waren. Und sie sehen das als Grund, warum Paulus die Korinther von diesem Tun zurückhalten mußte.

Ich selbst habe erlebt, wie ein guter, aufrichtiger Pastor darauf bestand, daß Paulus überhaupt nicht in Zungen geredet habe. Er behauptete, daß Paulus mit seiner Bemerkung „Ich spreche mehr in Zungen als ihr alle" (1. Korinther 14,18) einfach meinte, daß er mehr Sprachen kannte, d. h. daß er neun Sprachen meisterte. Das ist natürlich Unsinn, aber es ist ein gutes Beispiel dafür, wie sehr manche Leute die Schrift verkennen, wenn sie von vorgefaßten Ideen ausgehen und sich dann weigern, etwas anzunehmen, was gegen diese verstößt.

Der Geist der Christen zu Korinth war mit dem Herrn genauso verbunden wie der der ersten Gläubigen in der Apostelgeschichte. *„Wer aber dem Herrn anhängt, der ist ein Geist mit Ihm"* (1. Korinther 6,17). Wenn ein Christ in Zungen betet, betet sein menschlicher Geist, der dem Herrn vereint ist. Ob es die Leute am Pfingsttag oder die Gläubigen in Korinth waren oder du und ich in unseren Tagen — das Beten in Zungen ist kein natürliches, sondern ein übernatürliches Gebet.

In der englischsprachigen AMPLIFIED BIBLE ist es sehr klar ausgedrückt: *„Denn wenn ich in einer (unbekannten) Sprache bete, betet mein Geist (durch den Heiligen Geist in mir)..."* (1. Korinther 14,14), wie auch in der deutschen Gute-Nachricht-Übersetzung: *„Wenn er in solchen Sprachen redet, betet der Heilige Geist in ihm..."*.

Das Zungenreden ist überhaupt keine psychologische Tätigkeit, denn es kommt nicht von der Seele (Psyche), sondern vom Geist. Wenn du in Zungen betest, ist dein Verstand, wie Paulus es ausdrückt, „ohne Frucht", d. h. die Worte, die du sagst, kommen nicht vom Verstand her. Die einzige Rolle, die der Verstand beim Zungenreden spielt, liegt in der Entscheidung, die Sprechorgane, also den Stimmapparat, zu gebrauchen. Wenn du in Zungen betest, betest du vom Geist aus. (Ausführungen über den Unterschied zwischen Seele und Geist findest du im Buch „Die Trinität des Menschen".)

Taubstumme, die nie ein Wort in der natürlichen Sprache gesprochen haben (obwohl ihre Sprechorgane normal sind), sprechen in Zungen, wenn sie im Heiligen Geist getauft sind. Ich habe dies selbst vor kurzem erlebt. Und auch die, die unter Taubstummen arbeiten, können das bestätigen. Da eine taubstumme Person also keine psychologische Sprechfähigkeit hat, muß das Sprechen in Zungen direkt vom Geist zu den Stimmorganen gelangen.

Ein enger Freund von uns verlor nach einem leichten Schlaganfall das Sprechvermögen. Obwohl er in seiner Muttersprache kein einziges Wort sprechen konnte, war er fähig, die ganze Zeit in Zungen zu reden. Es war ihm zwar nicht möglich,

seine Sprechorgane zum Reden in Englisch zu benutzen, d. h.
seinen englischen Wortschatz zu gebrauchen, aber weil die
Sprache des Geistes direkt vom Herrn kommt, hatte er keine
Schwierigkeiten, in Zungen zu reden.

Noch ein Rat: Sei sehr vorsichtig, sogenannte „Ergebnisse
wissenschaftlicher Untersuchungen" auf diesem Gebiet für bare
Münze zu halten und als erwiesen zu akzeptieren. Geistliche
Dinge von außerhalb zu bewerten — durch einen objektiven
Maßstab —, ist ähnlich einzustufen, wie durch rein äußerliche
Untersuchungen „herauszufinden", wie Apfelkuchen schmeckt.

*Sprechen nicht auch Mitglieder
von Irrlehren und Sekten in Zungen?*

Einige Anhänger fernöstlicher Religionen behaupten, in Zungen
zu reden. Wie verhält sich das? Zunächst wollen wir festhalten,
daß bei diesen Religionen nicht nur diese Behauptung zu hören
ist, sondern sie erklären auch, daß andere geistliche Gaben bei
ihnen wirksam sind, z. B. Heilung, Prophetie, Worte der Weisheit und Erkenntnis usw. Alle diese Manifestationen jedoch,
auch das behauptete Zungenreden, haben den gleichen Ur-
sprung: die psychische Welt. Die Tatsache, daß eine Person an-
geblich in Zungen redet, Kranke heilt, übernatürliche Erkennt-
nisse hat usw., beweist nicht, daß diese Dinge von Gott sind.
Der Feind ist ein großer Nachahmer und Fälscher. Wenn du
wissen möchtest, ob jemand in der Kraft des Geistes wirkt oder
nicht, sollst du ihn nicht nach Krankenheilung oder Zungenreden fragen, sondern ob er Jesus als seinen Retter angenommen
hat.

Kann ich nicht auch etwas Schlechtes in Zungen sagen?

Ab und zu hört man ungefähr folgendes: „Ich hörte von einer
Freundin, daß sie von ihrer Freundin gehört hat, daß irgendwo

in einer Versammlung jemand in Zungen gesprochen hat. Ein anwesender Missionar verstand die Sprache und konnte hören, wie der Zungenredner Gott verflucht hat. Wenn so etwas passieren kann, wie kann ich sicher sein, daß ich nicht auch so etwas tue, wo ich doch das Gesagte gar nicht verstehen kann?"

Diese Geschichte hat man schon vor langer Zeit gehört, aber sie spricht sich immer erneut herum. Dabei wird jeweils gesagt, daß es jemandes Freund von jemand anders gehört hat, der es wieder irgendwo anders vernommen hat. Es wird dir nie möglich sein herauszufinden, wo sich dieses angebliche Geschehen ereignete.

Es ist absolut unmöglich, daß ein Christ, der im Geist (in Zungen) betet oder spricht, irgend etwas Böses oder Unflätiges sagt. Wie kann ich dessen gewiß sein? Weil, wie Paulus sagt, niemand Jesus verflucht, der durch den Geist Gottes redet (1. Korinther 12,3). Außerdem haben wir im gleichen Vers die Feststellung: *,,Niemand kann Jesus den Herrn nennen, außer durch den Heiligen Geist.''*

Wenn also jemand diese Frage stellt, kannst du ihm so antworten: Wenn du den Herrn Jesus angenommen hast und deshalb der Heilige Geist in deinem Geist lebt, ist alles, was du vom Geist aussprichst, vom Herrn. Jesus sagt, daß Gott, wenn wir Ihn um einen Fisch bitten, uns keine Schlange geben wird oder wenn wir um ein Ei bitten, wir keinen Skorpion von Ihm erhalten werden. Und wenn wir Ihn um Brot bitten, wird Er uns keinen Stein geben (Lukas 11,11-13).

Wenn du im Vertrauen auf Gott deinen Mund öffnest und Worte aussprichst, werden es keine schlechten, schändlichen Worte sein.

Natürlich ist es in einer öffentlichen Versammlung möglich, daß jemand, der kein Christ ist und von einem dämonischen Geist beherrscht wird, falsche Manifestationen von sich gibt. Das wäre die einzige Weise, wie auch diese Missionarsgeschichte wahr sein könnte. Aber das ist nichts, was dich bekümmern sollte. Du bist nicht von falschen Geistern beherrscht, sondern der Heilige Geist wohnt in dir.

Andere Arten des Zungenredens

Der Herr hat viele Methoden, eine Sache zu bewerkstelligen. Denke daran, auf wie viele verschiedene Weisen Er bei der Heilung von Menschen vorging. Manchmal legte Er die Hände auf, ein andermal sprach Er nur ein Vollmachtswort und die Heilung fand statt, sogar wenn der Kranke sich an einem anderen Ort befand. Er heilte einen Blinden, indem Er zuerst einen Brei auf seine Augen strich. Einige Male wurden sogar Leute geheilt, nur weil sie Seine Kleider berührten.

Es ist deshalb nicht überraschend, daß das Zungenreden auch auf unterschiedliche Weise kommt. Beim Beten um die Taufe im Heiligen Geist sieht z.B. einer ein Spruchband im Geist an sich vorüberziehen. Ein anderer sieht Worte, die auf eine Mauer geschrieben sind. Wenn dir jemand dies berichtet, dann empfiehl ihm einfach, das Geschriebene vorzulesen.

Manche Leute sagen: ,,Ich habe diese dummen, albernen Silben in meinem Sinn, aber das kann nicht das Richtige sein!" Auch sie ermuntere, trotzdem die Worte auszusprechen. Man weiß nie, wie eine Zungenrede klingen wird. Ich hatte einen Bekannten, bei dem das Zungenreden wie ein Taramtamtam-Trommelwirbel klang, aber er empfing großen Segen daraus. Er war so ein alter, verknöcherter Geselle, und ich dachte: ,,Seine Auffassungsgabe ist ja nicht die stärkste. Vielleicht hat er das alles gar nicht richtig mitbekommen. Was er sagt, kann wirklich keine Sprache sein, aber da er dadurch so gesegnet ist, will ich das jetzt nicht in Frage stellen."

Die Woche darauf befand ich mich im Fremdenverkehrsviertel von Seattle und hörte, wie sich zwei Herren mit orientalischem Aussehen an einer Straßenecke unterhielten. Als ich auf ihre Worte achtete, bemerkte ich, daß es bei ihnen genauso ,,taramtamtam" klang wie bei meinem Bekannten. Ich konnte nur sagen: ,,Entschuldige, Herr, daß ich damals meine voreiligen eigenen Schlüsse gezogen habe!"

In einer Versammlung in Walla Walla, Washington, hörte ich eine ältere Frau in Zungen reden, d. h. sie begann schnalzende

Geräusche mit ihrer Zunge zu machen. Als sie schnalzte, begann sie glücklich im Geist zu werden. Als sie an diesem Abend die Versammlung verließ, schnalzte sie noch immer, und ihr Gesicht leuchtete vor Freude. Ich wäre vielleicht dieserhalb beunruhigt gewesen, hätte nicht ein Missionar, ein Freund von mir, mir vor diesem Ereignis von solchen Schnalz-Sprachen erzählt, die in Südafrika von Buschmännern und Hottentotten, dem Khoisan-Volk, gesprochen würden. Ich kann natürlich nicht beweisen, daß die Frau tatsächlich in einer Hottentotten-Sprache redete, aber was immer es auch gewesen sein mag, es machte sie glücklich, und sie wurde gesegnet.

Warum müssen dann Missionare überhaupt Sprachen lernen?

Wenn es Gott möglich ist, die Leute durch den Heiligen Geist mit einer anderen Sprache zu versehen, warum verwenden dann die Missionare so lange Zeit, sich in Sprachschulen für den Aufenthalt in einem fernen Land vorzubereiten? Warum können sie nicht einfach die Sprache direkt vom Herrn empfangen?

Diese Frage wird dir manchmal gestellt, und zwar meistens von Leuten, die das Wesen und den Sinn des Zungenredens noch nicht verstehen. Eine Menge Verwirrung entsteht auch durch ein falsches Bild von Pfingsten selbst. Es überrascht, wie viele verständige Christen der Meinung sind, die anderen Sprachen an Pfingsten seien zur Verkündigung des Evangeliums nötig gewesen. Weil Menschen „aus allen Völkern unter dem Himmel" zugegen waren, mußte ihnen das Evangelium in ihren verschiedenen Sprachen gebracht werden, damit sie es verstehen konnten — meinen sie (Apostelgeschichte 2,5).

Was sagt der Text nun wirklich? Wir lesen die Feststellung: *„Es wohnten aber in Jerusalem Juden, die waren gottesfürchtige Männer aus allen Völkern unter dem Himmel."* Mit Ausnahme der wenigen Proselyten aus Rom handelte es sich um Leute, die dem Judentum zugehörten. Die Menschen in Jerusalem am

Pfingsttage waren nicht Heiden oder Ausländer. Sie waren einfach Juden, die in anderen Ländern wohnten, und die zum Fest nach Jerusalem zurückgekehrt waren. Man mußte keine Fremdsprache beherrschen, um mit ihnen reden zu können. Außerdem war das, was sie hörten, nicht Evangeliumsverkündigung, sondern sie hörten sie Gott preisen und verherrlichen über den wunderbaren Dingen, die Er tat (Vers 11).

Als danach Petrus zu ihnen sprach und ihnen erklärte, was hier geschah, begann er das Evangelium zu verkündigen — aber nicht in einer ausländischen Sprache. Er sprach sie auch nicht mit „Ihr Heiden" oder „Ihr Ausländer" an, sondern mit *„Ihr Juden, liebe Männer"* bzw. *„Ihr Männer, liebe Brüder"* (Vers 29).

Zuvor, beim Zungenreden, waren die Leute, die zuhörten, verblüfft, als die Jünger in den Sprachen der verschiedenen Länder, wo die Zuhörer lebten, redeten. Man brauchte mit den Juden von Rom nicht lateinisch zu reden, doch war es ihnen unbegreiflich, wie galiläische Fischer in perfektem Latein reden konnten.

Denke daran, daß der Hauptzweck des Zungenredens darin besteht, im Geist zum Herrn zu beten, und zwar in einer Sprache, die kein Mensch versteht. Der nächste Gebrauch der Zungen besteht darin, einer Gruppe von Leuten eine Botschaft zu übermitteln, wobei das Mittel der Auslegung der Zungen eingeschaltet wird. Wenn dies geschieht, ist es auch gelegentlich eine Sprache, die einem Anwesenden verständlich ist. Wenn sie durch eine Gabe des Geistes ausgelegt wird, d. h. durch einen, der die Sprache nicht kennt, aber die Gabe der Auslegung hat, erweist es sich, daß die natürliche Übersetzung der Sprache mit der Auslegung übereinstimmt. Dies festigt den Glauben.

Ich erinnere mich an eines der ersten Treffen der Geschäftsleute des vollen Evangeliums, die ich besuchte. Der Leiter bat um Gebet für seinen kleinen Enkel. Jemand sprach in Zungen, und es kam eine Auslegung, die der Gewißheit Ausdruck gab, daß das Kind geheilt würde. Später fand sich heraus, daß eine Bekannte von mir, die fließend Französisch sprach, die Zungenrede verstanden hatte. Die Person, die in Zungen redete, sprach in Französich, aber sie wußte nicht, daß es Französisch war. Sie sprach im Geist. Die andere Person, die Französisch verstand, bestätigte aber, daß die natürliche Übersetzung und die Auslegung, die durch den Geist geschah, vollkommen übereinstimmten.

Die Gabe der Zungen wird manchmal auch eingesetzt, um sich bei bestimmten Anlässen verständlich zu machen. Ein Mitglied meiner eigenen Kirchengemeinde, Amy Stoller, besuchte regelmäßig ein Krankenhaus, um nach Leuten zu sehen, die Hilfe und Ermutigung brauchten. Einmal fand sie einen Mann auf dem Bett sitzend vor, der sehr traurig aussah.

„Darf ich mit ihnen beten?" fragte sie.

Er antwortete traurig: „Ich nicht sprechen kann!"

Aber sie wußte einfach, daß sie zu ihm sprechen sollte, und sie begann, in Zungen zu reden. Das Angesicht des Mannes hellte sich auf, und er sagte aufgeregt: „Das Spanisch, wie sprechen auf Kanarische Inseln!" Die beiden beteten zusammen, und Amy berichtete: „Ich betete mit ihm jedes Wort in seiner eigenen Sprache!"

Es gibt viele Berichte über solche Geschehnisse. Ein Freund von mir, der Arzt ist, führte eine jüdische Frau zu Jesus, wobei er ihr in perfektem Hebräisch sagte: „Tochter Zion, richte deine Augen auf Jesus!" Was sie dann tat. Der Arzt war jedoch der hebräischen Sprache nicht mächtig.

Ein Missionar wurde vor dem Tod durch Kannibalen gerettet, indem er zu ihnen in ihrer eigenen Sprache sprach. So erging es H.B. Garlock, als er Missionar in Afrika war. Er erzählt dies in seinem kleinen Buch „Before we kill and eat you" (Bevor wir dich umbringen und verspeisen), das 1974 von „Christ for the Nations" in Dallas herausgegeben wurde.

Dr. Costa Deir, ebenfalls einer unserer Freunde, erzählte uns, wie er bei seiner Einwanderung am Grenzübergang bei der Paßkontrolle zu den Beamten in Zungen sprach. Er weiß bis heute nicht, was er ihnen sagte, aber sie ließen ihn durch.

Und so könnte man mit Beispielen fortfahren. In all diesen

Fällen verstand die Person die Sprache nicht, in der sie sprach. Sie verwandte einfach Worte, die der Herr gab und vertraute darauf, daß es die für diese Situation richtigen waren. Beispiele von Leuten, die dauerhaft die Fähigkeit empfingen, in einer anderen Sprache zu sprechen, kommen nur sehr, sehr selten vor. Von Francis Xavier, dem Chinamissionar, wird berichtet, daß er auf wunderbare Weise die Fähigkeit erlangte, die chinesische Sprache zu sprechen. Ich selbst kenne keinen, der eine ganze Sprache auf diese Weise erhalten hätte, obwohl ich es für möglich halte. Ich bin allerdings schon Menschen begegnet, die eine größere Fähigkeit in einer Sprache empfingen, die sie schon teilweise kannten.

Ein Pastor einer Nachbargemeinde, der von der Taufe im Heiligen Geist hörte, bat mich, zu ihm zu kommen und mit ihm darüber zu sprechen. Er sagte: ,,Ich wuchs auf den Philippinen auf, und ich erinnere mich immer noch an Worte in dem Dialekt, den ich als Kind sprach. Ich würde gerne in diesem Dialekt beten." Er beugte deshalb sein Haupt und begann zu sprechen. Nach kurzer Zeit sah er überrascht auf: ,,So gut kenne ich die Sprache doch gar nicht, wie kann ich sie so fließend sprechen?"

Ähnlich ging es auch einem jüdischen Christen, der um die Taufe im Heiligen Geist betete und begann, in Arabisch zu sprechen. Er sagte: ,,Das ist Arabisch, und ich kenne etwas Arabisch, aber nicht so viel!"

Die Einführung einer ganzen Sprache in das menschliche Gedächtnis ist wohl ein größeres Wunder als die Sprache nur einmal in einer bestimmten Situation zu sprechen. Nichts ist bei Gott unmöglich, jedoch sind die Emfpangsmöglichkeiten unsererseits oft begrenzt. Aber wir stehen erst am Anfang einer großen Erneuerung im Heiligen Geist, und wir werden im Laufe der Jahre noch mehr Wunder der geschilderten Art erleben. Trotzdem müssen wir auch folgendes bedenken: Wir sind gerufen, Mitarbeiter Gottes zu sein, und vielleicht ist es nicht in Übereinstimmung mit dem Wesen Gottes, jemanden automatisch mit einer Sprache zu befähigen, wenn er Zeit und Fähigkeit besitzt, sie zu erlernen.

Man hat mich unter Druck gesetzt, in Zungen zu reden

Gelegentlich findest du jemand, den man gedrängt, ja fast gezwungen hat, in Zungen zu reden. Da war ein Mädchen, deren Mutter so darauf aus war, daß ihre Tochter, die noch ein Teenager war, die Taufe im Heiligen Geist empfing. Sie bedrängte sie und belagerte sie eines Tages mit einer Gruppe von gutmeinenden Gebetskämpferinnen. Um sie loszuwerden, stammelte die Tochter ein paar Worte und stürzte dann aus dem Zimmer — gedemütigt, verärgert, weinend.

Die Mutter und ihre Freundinnen nahmen an, es wären Tränen des Segens, aber dem war nicht so. Das Ergebnis war, daß das Mädchen fortan allergisch und mit Widerwillen auf alles reagierte, was damit zu tun hatte. Und doch war es hungrig nach mehr von Gott.

Wie soll man sich in solch einer Situation verhalten? Es liegt nahe, daß du alles vermeiden solltest, was von dieser inzwischen nun erwachsenen Frau als „Druck" oder „Drängen" ausgelegt werden könnte. Wenn sie die Instruktionen, wie sie in diesem Buch gegeben werden, erhalten hat, mag es gut sein, ihr zu empfehlen, für sich selbst darum zu beten. Vor allem muß man aber, wenn etwas unternommen wird, zuerst klar ihre Zustimmung einholen. Und sie muß Jesus bei sich sehen können, wenn sie sich dieser Nervenprobe von damals erinnert und es Ihm erlauben, aus diesem Vorfall das zu machen, was richtig sein sollte. Dazu muß sie aber auch ihrer Mutter und den Frauen, die damals mit ihr beteten, vergeben können. Wieder möchte ich in diesem Zusammenhang auf die Bücher über innere Heilung hinweisen, die auf der Bücherliste am Schluß des Buches aufgeführt sind.

10. Kapitel

Und was kommt jetzt?

Du hast die Freiheit des Heiligen Geistes erhalten und heute in Zungen gesprochen. Einige von euch haben volle Gewißheit, andere haben vielleicht noch Zweifel, weil sie nichts fühlen. Den letzteren möchte ich sagen: Der Feind will dies ausnützen, um dich zu überzeugen, daß nichts geschehen ist. Höre nicht auf ihn und schenke ihm keine Beachtung. Bete weiter im Geist, so oft du kannst. Wenn du Zweifel hast, dann entscheide dich, Gott zu vertrauen, daß dies wahr und echt ist. Ich empfehle dir, die Zweifel für zwei Wochen zu verbannen. Danke Gott jeden Tag, daß Er dich im Geist getauft hat und preise Ihn in deiner neuen Sprache. Am Ende der Zeit wirst du herausgefunden haben, daß tatsächlich eine Veränderung in deinem Leben eingetreten ist.

Bete oft für deine Familie, deine Freunde und deine eigenen Nöte in Zungen. Die Erfahrung wird dir zeigen, wie wirksam es ist. Du brauchst auch Gemeinschaft mit anderen Leuten, die ebenfalls im Geist getauft sind. Wenn du in deiner Gemeinde nicht genug geistliche Nahrung erhalten kannst, mußt du sehen, daß du sie irgendwo anders findest. Wenn du einen Ort gefunden hast, wo du Erfrischung für deinen Geist bekommen kannst, so mache davon Gebrauch, auch wenn der Rahmen und die Situation ganz anders sind, als du es gewöhnt bist.

Es ist gut für dich, wenn du außerdem Gemeinschaft in einem kleinen Kreis pflegst. Versuche einen solchen Kreis zu finden, wo sich Leute zusammenfinden, um eine glückliche, freudige und gesegnete Zeit im Herrn zu haben, während sie aktiv in ihrer Gemeinde bleiben. Bei unabhängigen Kreisen, die zu keiner Gemeinde gehören, muß man vorsichtig sein, sie können leicht durch einige Wanderpropheten und seltsame Lehren irregeführt werden.

Mache dich mit der Schrift vertraut. Du wirst finden, daß sie dir in einer neuen Weise lebendig wird. Sei auch bezüglich der zu besuchenden Bibellehrstunden sorgfältig. Wenn du in deiner eigenen Kirche nicht genug Bibellehre erhältst, magst du Bibellehrern am Radio oder auf Kassette folgen oder ein Bibelfernstudium belegen. Unglücklicherweise stehen einige Lehrer und Studiengemeinschaften der Taufe mit dem Heiligen Geist ablehnend gegenüber, so daß sie, wenn sie auf die Gaben des Geistes zu sprechen kommen, behaupten, diese seien heute nicht mehr zu haben. Und sie mögen dich womöglich darauf aufmerksam machen, daß deine Erfahrung vom Teufel stammen muß. Oft sind diese Lehrer gleichzeitig legalistisch-gesetzlich und haben eine ziemlich negative Lebenseinstellung. Sie werden dich nicht im Glauben ermutigen und dich nicht zur Freiheit des Geistes führen können, sondern höchstens mut- und glaubenslos machen.

Auf die Gefahr hin, als engstirnig bezeichnet zu werden, gebe ich dir auch den Rat, nicht jedem modernen Bibellehrer zu folgen, es sei denn, daß er im Geist getauft wurde und offen bereit ist, seine Erfahrung zu bezeugen.

Denke daran, daß das Bibelstudium dich inspirieren und dir geistliche Nahrung verschaffen sollte. Gedankenakrobatik, superkluges Kopfwissen und geistreiche Theorien nützen dir nichts, sie bringen dir höchstens Verwirrung.

Lies gute Bücher über das Leben im Geist (am Schluß dieses Buches findest du eine Liste, die du vervielfältigen und den Leuten geben kannst. Es steht dir frei, dies zu tun). Höre dir hilfreiche Kassetten an. Gehe zu guten Konferenzen, aber halte treu zu deiner Gemeinde. Gott segne dich!

(Ermutige die Leute erneut, mit dem Beten im Geist fortzufahren. Es wäre fein, wenn die Gruppe nach Möglichkeit nach ein paar Tagen wieder zusammentreffen könnte. Je mehr du in Kontakt mit ihnen bleibst, desto besser. In jedem Fall empfehle ihnen, das Buch „Der Heilige Geist und Du" zu lesen. Und wenn es möglich ist, richte auch eine Klasse ein, in der dieses Buch durchgearbeitet wird. Dies wird den Leuten zum Verständnis der Gaben des Geistes helfen und ihnen auch für ihren Wandel im Geist nützlich und förderlich sein.)

Aufstellung einiger Irrlehren

Alte heidnische Religionen:

Hinduismus
Buddhismus
Schintoismus
Taoismus
Islam
Zoroastrismus

Moderne Aufbrüche des Heidentums:

Transzendentale Meditation (Hinduismus)
Black Muslims (Islam)
verschiedene Aspekte von Joga (Hinduismus)
verschiedene Aspekte von Kampfarten (Karate usw.)
neues Interesse an Zen und anderen Formen
des Buddhismus und Hinduismus
neue Hinwendung zu ethnischen (Stammes-) Religionen

Neureligionen:

Mormonen
(Die Kirche Jesu Christi der Heiligen der letzten Tage)
Zeugen Jehovas
Christliche Wissenschaft
Theosophie
Spiritismus und Spiritualismus
Swedenborgianismus (Die Neue Kirche)
Bahai

Dies ist nur eine Auswahl, es gibt natürlich noch viele andere.

Aufstellung okkulter Praktiken

Astralwandern

Der Versuch, Erfahrungen außerhalb des eigenen Körpers zu machen.

Astrologie

Der Glaube, daß die Planeten, Sonne, Mond und Sterne das menschliche Schicksal vorhersagen. Auf Horoskope und den astrologischen Kalender (Tierkreiszeichen) achten.

Automatisches Schreiben

Der Versuch, Botschaften aus der psychischen Welt zu erhalten und es einem Geist zu erlauben, die Hand beim Schreiben zu führen.

Glücksbringer

Talismane und Amulette werden als Glücksbringer gebraucht.

Hellsehen

Der Versuch, Informationen durch ein sogenanntes „zweites Gesicht" zu erhalten.

Drogen

Einnehmen bewußtseinserweiternder Drogen wie Marihuana, LSD usw.

ESP (Extra Sensory Perception)

Der Versuch, außersinnliche Wahrnehmungen zu erleben.

Wahrsagerei

Der Versuch, in die Zukunft zu schauen und sie zu deuten — mittels Kristallkugeln, Karten-, Handlinien-, Teeblätterlesen oder durch den Gebrauch von Pendeln, Ouja-Tafeln (Buchstabiertafeln) und anderen Mitteln.

Macht der Gedanken (Psycho- und Telekinese)

Der Versuch, andere Personen durch Gedanken zu beeinflussen bzw. die Gedanken eines Menschen auf materielle Dinge oder andere Personen zu übertragen. Physikalisch unerklärbare „direkte Einflüsse" eines Menschen auf Dinge oder Personen, z.B. Bewegen von Gegenständen, ohne sie zu berühren (Telekinese).

Geistheiler

Heilung durch eine Person, die behauptet, durch geistliche Kraft — nicht aber durch die des Herrn Jesus Christus — zu heilen. Heilung durch Geistmedien.

Reinkarnation

Der Glaube, daß man in anderen Körpern gelebt hat bzw. leben wird. Durch Hypnose und ähnliches versucht man dann, die angeblichen früheren Leben aufzudecken.

Spiritismus und Spiritualismus

Der Versuch, mit entkörperten Geistern oder der psychischen Welt Kontakt aufzunehmen — durch spiritistische Sitzungen und andere Methoden. Tischrücken und -schwenken. Schweben.

Telepathie (Gedankenübertragung, -lesen)

Das Erkennen von Bewußtseinsinhalten einer Person durch eine andere, ohne daß eine Mitteilung durch Sprache, Schrift o. dgl. erfolgt.

Radiästhesie

Der Versuch, Wasser oder andere Dinge durch den Gebrauch eines Stabes (Wünschelrute) zu finden.

Hexerei, Zauberei, Magie

Alles, was mit Zauberworten, Woodoo und dergleichen zu tun hat. Einen Pakt mit dem Satan eingehen, um psychische Kraft zu bekommen. Anbetung Satans (Satanismus), Hexensabbat, Schwarze Messe.

Wenn du aus Neugier okkulte Bücher gelesen hast, solltest du dich davon lossagen. Alle Art Pornographie, wenn auch nicht direkt okkult, öffnet die Tore für das Okkulte, deshalb solltest du dich auch davon lossagen. Auch Bühnenmagie ist gefährlich, obwohl dabei mit Tricks gearbeitet wird. Aber sie leistet der Vorstellung der Möglichkeit von Hexerei und Zauberei Vorschub.

Bücherliste

Bücher über die Taufe im Heiligen Geist:

Dennis Bennett: In der dritten Stunde
Dennis Bennett: Wachstum durch Fülle im Heiligen Geist
Dennis und Rita Bennett: Der Heilige Geist und Du
Dennis und Rita Bennett: Die Trinität des Menschen
Andrew Murray: Die Fülle des Pfingstsegens
Jack R. Taylor: Der Schlüssel zum Siegesleben

Bücher über innere Heilung:

Dennis und Rita Bennett: Die Trinität des Menschen
Larry Christenson: Der erneuerte Sinn
Gene Lilly: Der Segen des Vergebens
Betty Tapscott: Innere Heilung
Betty Tapscott: Frei gemacht
Bert Bauman: Die Heilung der Seele

Bücher über Okkultismus, Befreiung und andere Themen:

Hobart E. Freeman: Befreiung aus dem Netz des Okkultismus
Manfred Heide: Irrwege des Heils

Emil Kremer: Geöffnete Augen
Richard Kriese: Okkultismus im Angriff
Pat Means: Im Irrgarten östlicher Mystik

Es gibt natürlich noch viele andere ausgezeichnete Bücher außer
den hier aufgelisteten. Außerdem beachte bitte, daß wir, wenn
wir hier ein Buch aufführen, nicht notwendigerweise mit allem
übereinstimmen, was darin steht oder mit allen anderen Bü-
chern des gleichen Autors. Denke daran, daß dadurch, daß man
ein Buch über eine Sache schreibt, diese nicht automatisch wahr
wird.

Lies ein Buch, ob nun unseres oder ein anderes, immer so,
als würde die Person zu dir sprechen und du hörst ihr zu. Sei
zwar freundlich und offen für das, was sie zu sagen hat, aber
höre mit Unterscheidungsvermögen und im Lichte dessen, was
Gott dir durch die Bibel, die Erfahrung anderer Christen und
die innere Erkenntnis durch den Heiligen Geist sagt.

Aktuelle Bücher —
man muß sie gelesen haben!

GEISTERFÜLLTES TEMPERAMENT Tim LaHaye

Tim LaHaye, vielen schon bekannt durch sein Buch „Der Anfang vom Ende", zeigt in „Geisterfülltes Temperament" in gewohnter Meisterschaft, wie seelische Nöte und Probleme der Menschen (Zorn, Groll, Spannungszstände, Unruhe, Furcht, Depressionen usw.) ihre Ursachen oft im Temperament haben, und wie in diesen Problemen auch die Wurzeln vieler physischer Krankheiten zu suchen sind. Doch das Buch bleibt hier nicht stehen, sondern zeigt auch den Weg, wie diese Probleme, unter denen die Menschheit vor allem in unserer Zeit so sehr seufzt, durch das Wirken des Heiligen Geistes im Leben des Menschen gelöst werden können. Gerade heute ist dieses Buch nötiger als je, denn es gibt Antworten, wo der Psychiater oft nur Feststellungen treffen kann.

Art.-Nr. 20058   178 Seiten   **DM 14,80**

DER ANFANG VOM ENDE Tim LaHaye

Die gegenwärtige Generation der Menschheit ist die letzte — zu dieser Überzeugung ist der Autor nach langjährigem Studium der gegenwärtigen Ereignisse im Licht des prophetischen Wortes der Bibel gekommen. Dr. LaHaye beginnt mit der Endzeitprophezeiung Jesu aus Matthäus 24 und ergänzt und vergleicht sie mit den Prophezeiungen von Daniel, Hesekiel, Paulus und Johannes. Themen wie die Entrückung, der neue Weltkrieg, Israel, der neue Tempel, der Angriff aus dem Osten, der große Abfall, die Arche Noahs, die ökumenische Kirche, die unvereinten Nationen, die letzte Generation usw. werden hier klar von der Bibel her besprochen und beantwortet. Das Buch ist so geschrieben, daß Gläubige und Ungläubige gleichermaßen davon profitieren können.

Art.-Nr. 20056   184 Seiten (Paperback)   **DM 13,80**

OFFENBARUNG DES VERBORGENEN R. Douglas Wead

Ist es möglich, Informationen zu erhalten, die man durch die fünf menschlichen Sinne bzw. durch andere normale menschliche Möglichkeiten nicht bekommen kann? Wenn ja — wie ist es möglich? Durch übersinnliche menschliche Fähigkeiten? Durch dämonischen Einfluß und okkulte Praktiken? Durch Gott, der, wenn Er es nötig findet, dem Menschen Verborgenes offenbart, wie z. B. den Propheten im Alten Testament? Wenn Gott es heute noch tut, auf welche Weise tut Er es? Mit diesen und ähnlichen Fragen beschäftigt sich das Buch und zeigt dabei etwas von den Möglichkeiten und Gaben des Heiligen Geistes.

Art.-Nr. 20066   148 Seiten   **DM 9,95**

MIT DEM HEILIGEN GEIST AN'S ZIEL Georg Steinberg

Jeder Christ weiß, daß er in der heutigen so verwirrten Zeit ohne die Führung des Heiligen Geistes nicht auskommen kann. Dieses Buch zeigt uns anhand der Brautwerbung des Elieser für den Sohn seines Herrn in biblisch fundierter Weise, wie der Heilige Geist die Gemeinde Jesu führen kann und will, wenn wir uns Ihm anvertrauen. Die Notwendigkeit und Möglichkeit solcher Führung auch im Leben des einzelnen wird uns groß gemacht und auch gezeigt, wie der Heilige Geist uns ausrüsten will. Jeder Christ wird das Buch mit viel Gewinn lesen.

Art.-Nr. 20095   110 Seiten (Taschenbuch)   **DM 7,80**

Preisänderungen vorbehalten.

DER AGENT DES SATANS   Mike Warnke

Das Buch, welches Sie in der Hand haben, weißt auf den in der heutigen Zeit rapide wachsenden Okkultismus hin und bezeichnet ihn als eines der wichtigsten „Zeichen der Wiederkunft Christi". Jedem, der mehr über die satanische Wirklichkeit und die riesige Gefahr des Okkultismus wissen möchte, kann man Mike Warnkes „DER AGENT DES SATANS" nur empfehlen. Es gibt unseres Wissens kein Buch, welches so realistisch schildert, „was wirklich dahintersteckt", wie dieses. Dies ist allerdings kein Wunder, denn der Autor war selbst dabei. Noch beeindruckender ist aber dann sein Bericht darüber, wie vor der Erlösermacht Christi und der Kraft des Heiligen Geistes die Mächte des Bösen weichen müssen. So wird dieses Buch zu einem mächtigen Zeugnis der Gnade und Kraft Jesu Christi.

Art.-Nr. 20 054   224 Seiten   **DM 13,80**

DER WANDERER GOTTES   Ellen Gunderson Traylor

Das ist die Geschichte eines Mannes, der es unter dem Eindruck eines sein Leben umwandelnden Erlebnisses wagt, sich gegen Religion, Überlieferungen und Sitten seiner Gesellschaft aufzulehnen, alle Sicherheiten hinter sich zu lassen und in die Ungewißheit eines Neuanfangs zu gehen. Mit dem Leben Abrahams, denn er ist der „Wanderer Gottes", wird uns ein gewaltiges Panorama der alten Welt entrollt. Wir werden nach Ur, Damaskus, Sodom und Ägypten geführt und lernen auch ein Stück des Lebens der Nomaden kennen. Gleichzeitig ist es aber auch die Geschichte der Geburt eines Volkes, das später „Gottes Volk" genannt wird, nämlich Israels. Sie sollten nicht versäumen, dieses Buch zu lesen.

Art.-Nr. 20 084   366 Seiten (Paperback)   **DM 18,80**

ENTSCHEIDUNG AUF DEM KARMEL   William H. Stephens

Das ist die Geschichte Elias, des großen Propheten Israels, der als einzelner den Mut hatte, sich von Gott gebrauchen zu lassen, um gegen die bestimmende geistige Strömung seiner Zeit und gegen das israelitische Königshaus aufzustehen. Dabei kommt es zur gewaltigen Auseinandersetzung zwischen dem Gott Israels, dem Gott Abrahams, Isaaks und Jakobs, der durch Elia vertreten wird, und der heidnischen Baalsreligion, die von der phönizischen Königstochter Isebel, die Israels Königin ist, in Israel eingeführt wird. Diese Auseinandersetzung findet in dem dramatischen Gottesurteil auf dem Karmel seinen Höhepunkt. Ein ungeheuer packend erzähltes Buch. Sie sollten es unbedingt lesen. Auch als Geschenk gut geeignet.

Art.-Nr. 20 029   312 Seiten (Paperback)   **DM 18,80**

SOLLTE GOTT KEINE WUNDER TUN?   Träff/Petman

Immer wieder hören wir in der heutigen Zeit unter aufrichtigen Christen die Frage, ob Gott doch noch einmal eine gewaltige Erweckung schenken wird. Dieses Buch hier ist die Geschichte einer großen Erweckung in unserer Zeit, die ein ganzes Volk bewegte. Es ist die dramatische Lebensgeschichte des finnischen Evangelisten Niilo Yli-Vainio. Durch ihn brach in Finnland eine gewaltige Erweckung aus, die noch andauert. Tausende fanden zu Christus, Wunder geschahen, Kranke wurden geheilt — und das alles heute!

Art.-Nr. 20 090   142 Seiten (Paperback)   **DM 10,80**

Preisänderungen vorbehalten — Zu beziehen durch:

**Leuchter-Verlag eG, Industriestraße 6—8, D-6106 Erzhausen, Postfach 1161
In Österreich: Buchhandlung der Methodistenkirche, A-1082 Wien,
Trautsongasse 8, Postfach 65**